智能时代下司法审判及在线诉讼机制探索

马月娥　郑凯思　张迅雷　著

辽宁大学出版社　沈阳

图书在版编目（CIP）数据

智能时代下司法审判及在线诉讼机制探索/马月娥，郑凯思，张迅雷著. --沈阳：辽宁大学出版社，2024.12. --ISBN 978-7-5698-1837-6

Ⅰ.D925.04-39；D925.118.4-39

中国国家版本馆CIP数据核字第2024VJ0568号

智能时代下司法审判及在线诉讼机制探索
ZHINENG SHIDAI XIA SIFA SHENPAN JI ZAIXIAN SUSONG JIZHI TANSUO

出 版 者：	辽宁大学出版社有限责任公司
	（地址：沈阳市皇姑区崇山中路66号　邮政编码：110036）
印 刷 者：	沈阳市第二市政建设工程公司印刷厂
发 行 者：	辽宁大学出版社有限责任公司

幅面尺寸：170mm×240mm

印　　张：13.5

字　　数：220千字

出版时间：2024年12月第1版

印刷时间：2025年1月第1次印刷

责任编辑：李珊珊

封面设计：高梦琦

责任校对：吴芮杭

书　　号：ISBN 978-7-5698-1837-6

定　　价：88.00元

联系电话：024-86864613
邮购热线：024-86830665
网　　址：http://press.lnu.edu.cn

前　　言

随着科技的不断进步和智能时代的到来，司法系统也在面临前所未有的挑战和变革。智能技术的广泛应用为司法审判和在线诉讼机制的探索提供了全新的可能性。在这个充满变革的时代，应重新审视司法体系，以更好地适应数字化、智能化的未来。另外，随着数字化社会的发展，人们的生活越来越离不开互联网，法律纠纷也在跨足虚拟空间。因此，建立起在线诉讼机制成为势在必行。在线诉讼可以使当事人更加便捷地进行案件起诉、提交证据，同时也提高了公共参与的机会。虚拟庭审系统的应用，使得法庭不再受制于地理位置，当事人和律师可以通过互联网参与庭审，为司法审判注入了更多的灵活性。

本书以"智能时代下司法审判及在线诉讼机制探索"为选题，以司法审判的社会功能与教育价值、司法审判中公序良俗原则的适用、司法审判对社会主义法治精神的培育为切入，首先论述智能时代下民事审判及程序、智能时代下刑事审判及智慧系统的运用；其次探讨人工智能在司法审判中的运用及优化；最后对智能时代下的在线诉讼机制及其完善策略、智能时代下的在线诉讼数据处理与电子化材料进行全面分析。

本书注重章节之间的逻辑性和连贯性，确保了整体内容的完整性和系统性。每个章节都紧密相连，呼应着整体主题，使读者在阅读过程中能够逐步建立起对智能时代司法审判及在线诉讼机制的全面认知。另外，在内容的呈现上将理论与实践相得益彰，以确保读者既能够深刻理解相关理论框架，又能够在实际操作中得到有效指导。通过深入剖析智能技术在司法审判和在线诉讼中的应用，本书旨在为法律从业者提供理论支持，同时为实际操作提供可行的建议。

作者在写作过程中，得到了许多专家、学者的帮助和指导，在此表示诚挚的谢意。由于作者水平有限，加之时间仓促，书中所涉及的内容难免有疏漏之处，希望各位读者多提宝贵的意见，以便进一步修改，使之更加完善。

作 者

2024 年 9 月

目 录

前　言 ·· 1

第一章　司法审判概论 ·· 1

　第一节　司法审判的社会功能与教育价值 ··· 1
　第二节　司法审判中公序良俗原则的适用 ··· 14
　第三节　司法审判对社会主义法治精神的培育 ···································· 20

第二章　智能时代下民事审判及程序研究 ··· 31

　第一节　民事审判权与审判制度 ·· 31
　第二节　民事审判中的适用原则 ·· 34
　第三节　民事审判效率及网络技术的运用 ··· 65
　第四节　民事审判智能化改革及推进策略 ··· 76

第三章　智能时代下刑事审判及智慧系统的运用 ·································· 83

　第一节　刑事审判视频开庭与刑事缺席审判制度 ······························· 83
　第二节　刑事审判中大数据证据的运用 ·· 91
　第三节　刑事审判中智慧司法系统的合理运用 ································· 106

第四章　人工智能在司法审判中的运用及优化 ····································· 122

　第一节　人工智能司法审判及其法律价值 ······································· 122

第二节　人工智能在司法审判中的关系定位 ·············· 140
　　第三节　人工智能在司法审判中的优化策略 ·············· 142

第五章　智能时代下的在线诉讼机制及其完善策略 ············ 152
　　第一节　在线诉讼及其未来发展 ······················ 152
　　第二节　在线诉讼当事人程序选择权 ··················· 161
　　第三节　在线诉讼真实义务制度及其完善策略 ············ 168

第六章　智能时代下的在线诉讼数据处理与电子化材料 ········ 179
　　第一节　在线诉讼数据信息的合规处理 ················· 179
　　第二节　在线诉讼中的数据安全问题及法律规制 ·········· 188
　　第三节　在线诉讼电子化材料的司法适用 ··············· 197

参考文献 ··· 207

第一章 司法审判概论

第一节 司法审判的社会功能与教育价值

一、司法审判的特征

司法审判是人民法院在既定的法律制度下的法律适用过程。具体而言,是指具有审判职权的人民法院依照宪法法律的规定,对进入法院的各类诉讼案件进行审理并得出判决的法律适用过程。司法审判具有以下特征:

(一)政治性特征

从马克思主义法学理论来讲,法律是"统治阶级意志的体现"。司法审判是法律适用的过程,而司法也是国家政治架构的一部分,天然的具有政治属性,因此司法审判与政治总是存在密切联系。在我国,司法审判的政治性主要体现在以下三个方面:

第一,司法审判必须坚持党的领导。司法权是国家政治权力的重要组成部分,司法权的运作必须依靠政治的保障和支撑。比如,我国的法院一般由同级人大产生,向人大负责;人民法院坚持党管干部原则,确保党的领导。

第二,司法审判忠实于法律。《中华人民共和国宪法》明确规定,一切国家机关和武装力量、各政党和各社会团体、各企业事业组织都必须遵守宪法和法律。这里当然也包括人民法院。人民法院一切审判活动都以事实为依据,以法律为准绳,这也是确保公平正义这一法律核心价值的需要。

第三,司法审判要体现政策导向。政策的制订受政治环境的影响,是政治价值的体现之一，政策自然也会对司法审判产生影响。司法审判体现政策导向，是司法审判政治性的必然要求。

（二）程序性特征

司法审判的程序性是指，审判活动必须严格按照法律规定的程序进行，以确保程序公正。主要体现在刑事、民事、行政三大诉讼法的规定之中。具体到每一个案件审理，就阶段划分而言，主要分为三个部分，即立案阶段、庭审阶段和执行阶段。

立案是人民法院进行审判的首要条件。人民法院不主动介入纠纷，民事纠纷和行政纠纷要当事人通过立案登记程序进行登记立案，符合法定条件的案件即可立案进入诉讼程序。刑事案件则需要检察机关向人民法院提起公诉。总之，立案程序是案件进入审理阶段的必经程序。

庭审是司法审判的核心程序，包括审理和判决两大部分。在审理前，我国有先行调解程序和"诉调对接"机制，在民事案件和行政案件中，先行调解和庭审过程中的调解都是庭审的重要内容，经调解成功的案件，人民法院可以制作调解书。当事人不同意调解的案件，人民法院依照程序进行审理，审理阶段主要包括庭前准备、法庭调查、法庭辩论三个阶段。其中，庭前准备阶段要查明诉讼参与人是否到庭，宣布法庭纪律，宣布案由、审判人员、书记员名单，告知当事人有关权利和义务以及询问当事人是否提出回避申请等。法庭调查阶段要通过诉讼双方的举证质证以及法官或合议庭的询问等查明案件事实。法庭辩论阶段是在法官的主持下由诉讼参与人就法律问题和事实问题进行辩论以进一步查明事实，并厘清案件涉及的法律问题，从而为公正审判打下基础。人民法院通过审理查明案件事实，并最终以事实为依据，以法律为准绳进行判决。判决结果一律公开。

从严格意义上讲，司法审判止于判决，因此执行程序并非司法审判的一部分，也并非司法审判的必经程序，但就法院工作而言，一般也归为司法审判的范围。经过判决之后，双方当事人及时履行判决的民事案件和行政案件，不需要进入执行程序，而直接结案。一方当事人拒不履行判决或调解协议时，另一方当事人可以申请执行，从而启动执行程序。

总之，司法审判具有严格的法定程序，程序性是司法审判的重要特征。

(三) 权威性特征

司法审判的权威性体现在强制性和终局性两方面。

首先，司法审判具有强制性。司法审判的强制性主要体现在对当事人的约束力上。①对诉讼程序的强制遵守。如在民事诉讼中，当事人必须按照诉讼法相关规定参加诉讼，人民法院对必须到庭的被告，经两次传票传唤，无正当理由拒不到庭的，可以拘传；对妨害法庭秩序、妨害诉讼行为的，人民法院可以依法采取罚款、拘留甚至依法追究刑事责任；原被告经传票传唤无正当理由拒不到庭，或者未经法庭许可中途退庭的按撤诉处理或进行缺席判决。②对裁判结果的强制履行。当事人不管是公民法人，还是行政机关，都必须依法履行判决。人民法院有权对已发生效力的判决、裁定、调解书进行执行，义务人不履行义务将可能会面临人民法院依法查询、扣押、冻结、划拨、变价金融资产或扣留、提取义务人收入等强制执行措施。

其次，司法审判具有终局性。司法审判是纠纷解决的最后一条途径，已生效的判决不得违法改变，具有终局性。

(四) 公正性特征

公正是法治的生命线，司法公正对社会公正具有重要引领作用，司法不公对社会公正具有致命破坏作用。人民法院必须居中裁判，确保案件审理的公平公正。司法审判作为公民权利公力救济的途径，其公信力并非主要来自强制力，更重要的是公正。程序合法是确保司法审判公平公正的前提，司法公开是司法审判接受监督确保公正的保证。

司法审判在司法公开方面主要表现为审理公开和判决公开。审理公开方面：民事诉讼中，除涉及国家秘密、个人隐私、法律另有规定的民事案件，均应当公开审理；当事人申请不公开审理的离婚案件、涉及商业秘密的案件，可以不公开审理。刑事诉讼中也有类似的规定，同时为保护未成年人，在审理时被告人未满18周岁的案件，不公开审理。行政诉讼中，除涉及国家秘密、个人隐私、法律另有规定的行政案件，均应当公开审理；当事人申请不公开审理的涉及商业秘密的案件，可以不公开审理。对公开审理的案件，公民可以持本人身份证到庭参加旁听。判决公开方面：在行政诉讼、民事诉讼、刑事诉讼案件中，无论是否公开审理，一律公开宣告判决。司法公开的方式具有多样性，如法院公众信息网、庭审直播网、新闻发布等等，公开的内容涉及庭审、裁判文书和执行三大方面。

（五）人民性特征

司法的人民性就是司法权属于人民，司法权要掌握在人民手中，司法权要用来为实现、维护人民的权益服务。人民性贯穿于司法审判的全过程，包括理念上的司法为民，价值追求上的维护人民利益，司法程序上的便民、利民和惠民，以及自觉接受人民监督等等。

为实现司法的人民性，我国在司法审判形式上出台了多项举措。如：我国民事诉讼中，人民法院要根据需要进行巡回审理，就地办案。不仅实现了便民、利民，也成为法院实现普法宣传的重要方式；加强诉讼中心建设，为群众提供"一站式服务"，让审判流程、庭审规则等信息随手可查，让起诉立案、案件咨询等清晰有序。

二、司法审判的社会功能

司法作为社会中的一种组织结构，其固有的司法权力在运行过程中，必然要同社会其他结构发生联系，联系的表达方式就是司法必须要回应社会对它的需求，即司法应对社会具有有效回应的功能，这就是司法的社会功能。司法的社会功能重点表现在以下四个方面：

（一）化解社会矛盾

当某一社会矛盾无法在社会内部化解，而以具体纠纷的形式诉诸法律，请求法院居中裁判时，司法解决纠纷的功能即得到了彰显。司法审判以事实为依据、以法律为准绳，对具体矛盾是非曲直进行判定，并通过国家强制力保证裁判结果的执行力。在具体的案件中，司法既可以通过调解这种较为温和的方式解决纠纷，也可以依法裁判解决纠纷。司法审判不仅可以达到对具体案件中诉讼双方矛盾的裁判，而且可以通过对矛盾的化解，实现司法审判定纷止争的效果。为此，中国的司法审判一直把司法公正作为审判工作的生命线，把化解矛盾、定分止争作为审判工作的职责使命，确保进入司法程序的案件，都能够得到公平公正的审理，并努力实现案结事了。

（二）维护社会秩序

社会秩序是指社会系统运行的有规律、可预见、和谐稳定的状态。依据管理对象的差异，社会秩序分为市场秩序、法律秩序和道德秩序三种类型。而强制性、权威性使司法维护社会秩序的功能成为可能。

第一，规范市场秩序的功能。司法规范市场秩序主要体现在各类经济秩序的规范上。市场秩序主要体现为私权关系，从本质上讲体现为契约关系，因此司法对社会市场秩序的规范主要体现在民事领域。司法审判对合法的经济行为进行保护，对违反法律、违反诚实信用、公平正义等民事法律原则的行为进行负面评价，从而保障民事主体在经济活动中的合法权益，达到规范社会市场秩序的目的。当然，行使私权如果超越法律的规定，一般违法行为由行政机关处罚，司法可以通过监督行政机关的执法行为，来间接起到规范市场秩序的作用。如果市场主体的行为如果严重扰乱市场秩序构成犯罪，司法可以通过审判，予以刑事处罚。

第二，严格保障法律秩序的功能。司法保障法律秩序的功能与司法规范市场秩序的功能一样，都是通过审判职能的发挥，对扰乱甚至破坏秩序的行为予以法律制裁，维护合法行为，从而有效保障法律秩序。

第三，适度维护道德秩序的功能。在我国，道德是全社会共同形成的一种意识形态，是非强制性的行为规范和准则。非强制性并不否认道德秩序的规范性，相反道德秩序在社会秩序中具有重要的作用。作为一种意识形态，道德是多数公民所共同认可的价值取向，尤其在司法审判过程中，遵从道德秩序是司法实现最优社会效果的方式。当然，当存在具体法律规定时，司法要严格适用法律，一般不能够援引道德规范审判。当法律因立法技术、滞后性等原因，致使司法审判无法可依时，道德可以成为司法审判的依据之一，如民法中的公序良俗原则、诚实信用原则、公平正义原则等都体现了对道德秩序的法律维护。

（三）创新社会管理

目前我国社会所面临的复杂性问题、复合性问题增多，传统的社会管理模式无法满足社会管理的需求，社会管理创新日益迫切。而社会管理创新不仅是政府的职能，更是多元主体共同参与的过程，司法就是其中的重要组成部分。司法在加强和创新社会管理中具有特殊功能，担负着重要使命。能动司法就是司法参与实现社会管理创新功能的体现。

所谓能动司法是指，作为担负推进社会管理创新职责的司法，在总结司法实践经验的基础上，为了顺应社会对司法的客观需要而创造性地提出的一种解决纠纷的司法方式。这种方式并不脱离司法的核心审判职能和严格适用法律的基本要求，而是充分发挥司法的职能作用，尽可能在公正裁判的基础上化解矛盾，特别是积极与政府职能部门、社会各类主体积极分工协作、拓展纠纷解决途径，实现社会管理法治化。

具体表现为：①充分发挥司法审判的教育功能，培育社会各类主体的法治意识，实现社会各类主体自觉遵守法律，达到社会各类主体依法进行社会管理的目的；②延伸司法服务手段，通过司法机关与政府、社会组织的协作，培育、发展和规范各类法律服务事业，集法律服务和化解社会矛盾于一体，将服务和管理有机结合在一起，作为加强和创新社会管理的重要措施；③司法审判与政府职能部门分工协作，将社会管理创新的内容制度化、法治化，实现司法的社会管理创新功能。

（四）引领社会价值

为人们向善提供力量，推动社会道德的进步，也是司法裁判义不容辞的责任。法院通过对社会矛盾的裁判，旗帜鲜明地向社会表达司法拥护什么、反对什么，并利用司法裁判的权威性、强制性为公民提供行为指南，引导全社会形成良善的道德，整合、引领、推动实现普遍的法治信仰和社会价值观念。

司法要引领社会价值，当前就必须在弘扬社会主义核心价值观，特别是社会主义法治精神方面要有所作为。就社会主义核心价值观的内涵而言，公正是社会主义核心价值观的重要内容，是司法审判的生命线。司法审判作为社会纠纷解决的最终端，确保司法公正就能为社会公正提供支持。同时，司法判决能够规范公民的行为，引导公民具备爱国、敬业、诚信、友善的个人价值观，由强制性的法律规范内化为公民的内心准则。司法也能够为国家实现富强、民主、文明、和谐提供制度支持和法律保障，通过引领社会和个人践行社会主义核心价值观，逐步培育和践行国家层面的核心价值观。

司法的化解社会矛盾功能、维护社会秩序功能、社会管理创新功能和价值引领功能，并不是孤立存在，而是相辅相成的。社会矛盾的化解、社会秩序的维护、社会管理的创新，归根结底是为了实现个体人的行为的自律与自觉，实现个体人思想认识的提升和全面发展。司法正是通过化解社会矛盾，从而有效维护社会秩序，推动社会管理创新，并最终实现对价值的引领。反之，又通过价值引领，实现社会矛盾的化解，维护社会秩序，推动社会管理创新。这一过程，充分体现了马克思主义关于从实践到认识，再由认识到实践的思想。

三、司法审判的教育价值

（一）司法审判的教育属性

对人的发展具有决定意义的是后天所处的环境和教育。教育是指按照一定的目的要求，对受教育的德育、智育、体育诸方面施以影响的一种有计划的活动。教育一般是指学校教育，但也用来泛指社会上一切有教育作用的活动，比如社会教育、家庭教育等。

根据法理学理论，法的作用可以分为规范作用和社会作用，而规范作用包括教育作用。法的教育作用，是指通过法律的颁布和实施，对人的思想意识和行为产生积极的影响。我国从古代开始，就十分注重司法的教化作用，形成了执法、明理、原情的内在统一关系，强调天理、人伦、王法的统一，司法官不仅是矛盾纠纷的解决者，而且是社会主流价值观念的传播者以及社会大众启蒙的教谕者。在社会主义国家中，法律实践的一个重要特色是法律具有一种异乎寻常的教育功能。我国现行法律也明确规定人民法院在履行宪法法律赋予的职能同时，负有教育公民的职责。作为实施法律的司法活动，之所以具有教育属性，从教育原理来看，主要有以下方面：

1. 思想干预性

教育之所以起作用，是因为其对人的思想产生了影响和干预。没有干预，就没有教育，干预性是教育的第一属性。司法具有重要的社会控制功能，其首先体现在对人的是非对错、善恶美丑的思想认识的干预。立法产生的法律为人们判断是保证准确、及时地查明犯罪事实，正确应用法律，惩罚犯罪分子，保障无罪的人不受刑事追究，教育公民自觉遵守法律，积极同犯罪行为作斗争，维护社会主义法制，尊重和保障人权，保护公民的人身权利、财产权利、民主权利和其他权利，保障社会主义建设事业的顺利进行。

中华人民共和国民事诉讼法的任务，是保护当事人行使诉讼权利，保证人民法院查明事实，分清是非，正确适用法律，及时审理民事案件，确认民事权利义务关系，制裁民事违法行为，保护当事人的合法权益，教育公民自觉遵守法律，维护社会秩序、经济秩序，保障社会主义建设事业顺利进行。

他人行为的正误提供普遍的尺度，而司法活动则将法律所提供的准则应用于对人们行为的评判，在使法律从文本规定走向现实生活的同时，对人与社会的思想进行干预，即对正确的思想予以认可、维护及保障，对错误的思想予以否定、制裁及纠正。如诚实守信是人类社会普遍崇尚的基本价值，司法依法维护诚实守信的当事人的合法权益，并依法规制和制裁不讲诚信的当事人，让其承担不守信的法律后果。公共秩序和善良风尚是法治国家与法治社会建设的重要内容，也是衡量社会主义法治与德治建设水准的重要标志。所以，司法在运行过程中向人民群众宣讲法律知识和培育法治精神，在帮助提高人民群众思想认识的同时，通过审判工作引领社会良好风尚，教育人民群众形成"行事遵法、遇事找法、解决问题靠法"的法治观念。

2. 行为引导性

教育的重要特征还体现在对受教育者行为的关怀和引导上。司法具有重要的社会"向善"导向功能，主要表现为司法活动与社会公众之间的互动关系，即司法通过裁判告诉人们应该做什么、不应该做什么、禁止做什么以及反对做什么等，使得某一价值理念或行为秩序得以在人民群众中广泛传播，并得以遵循。换言之，司法在处理社会矛盾纠纷过程中，以事实为依据，以法律为准绳，把现代法律的基本规则与基本精神直接作用于社会生活，通过对合法行为予以肯定和保护、对非法行为予以否定和制裁，进而对人们的行为进行教育引导。

对于广大公民来说，重要的并不是熟知每一个法律条文，而是要逐步实现从"法律知识"到"法治观念""法治精神"的养成，并最终达到行为自觉。中国现代法治不可能只是一套细密的文字法规加一套严格的司法体系，而是与亿万中国人的价值、观念、心态以及行为相联系的。对于人民法院审判工作来说，既是向人民群众宣讲具体法律知识的过程，更是指引人民群众行事准则的过程。所以，司法活动能够对社会公众行为进行"向善"的引导，司法受众者愿意服从法院裁判并以此为标准安排自己的能为社会大众接受的行为，此正为司法教育的价值所在。

3. 活动计划性

策略性、系统性是教育的又一重要特征。所谓策略性、系统性，是指教育的开展是有针对、有计划、有目的、有手段的活动，而非随机、偶然为之。简言之，教育就是一种干预，是一种关怀性的、策略性的和系统性的干预。

司法作为社会活动的重要组成部分，其具有的教育民众的职责，不仅为我国现行法律所明确规定，也是司法调控、整合社会的重要手段，贯穿于司法全过程，具有很强的计划性、目的性和策略性。法院工作应运用审判活动方式教育和组织群众，而不是单纯的办案子。

司法教育的主要内容就是通过一切司法活动，对教育对象进行思想、观念上的改造，以及行为的引导，使其接受以法律形式承载的国家提倡、主导的主流价值观念与意识形态，确保国家的政策以及意识形态得以内在化，从而实现意识形态的整合与行为秩序的建立。所以，解决个体纠纷和社会矛盾的司法，其教育民众的职能和效应贯穿于司法的全部工作和全部过程，既有巡回审判、送法进乡村等显性的教育，又有向相关组织提出的司法建议、法治新闻报道、法治题材影视作品等隐性的教育，形成了较为完备、系统的教育实施体系，充分体现计划性、目的性和策略性，成为教育国民的重要组成部分。

正因为司法审判在具体的司法实践过程中，表现出对社会个体，也包括对社会群体思想的干预性、行为的引导性，以及干预与引导的有组织有计划性，使司法审判具有作为教育手段的属性。因此，对于司法审判，完全可以作为一种教育资源来加以挖掘和利用，使其在维护社会秩序的同时，能够充分发挥教育公民自觉遵守法律的积极作用。

（二）司法审判教育的独特性

既然司法审判具有教育的一般属性，就可以作为一种教育的方式手段运用于社会生活之中。事实上，司法审判从其诞生的第一天起，就自觉不自觉地承担起了教育民众的职责。但从利用司法审判进行法治教育的具体情况看，一方面，它与学校教育、单位教育、家庭教育等有相同的一面，都必须符合教育最一般的规律和要求，同时又由于利用司法审判进行的教育主要是依附于司法审判活动，所以又表现出较其他教育方式手段不一样地方，具有非常明显的独特性。

1. 场所方面的专门性与威严性

法院是唯一有权设置司法审判庭的国家机关，而法庭又是唯一有权进行司法审判活动的专门场所，现行法律要求各类案件的审理都必须是在法院设置的法庭（包括送法下乡、送法进校园等设置的临时性法庭）内进行，体现了司法审判活动在场所上的专门性要求。而司法审判教育又是依附于司法审判活动，司法审判进行的教育主要还是在法庭内进行，所以司法审判活动场所上的专门性决定了司法审判教育活动在场所上的专门性。

法律的崇高性与执法的严肃性，要求司法审判活动必须注重场所上的威严性。为此，在法院办公场所建设上，改革开放以来，特别是进入21世纪以来，法院审判大楼及法庭内部建设得到了十分的重视和很大的发展，使司法的威严性首先从物质硬件上得到有效体现。从全国法院看，法院审判大楼的建设大都高大威严，建筑立面干练挺拔，简洁明快，体现了现代司法庄重、刚正、阳光的本质要求，多成为某一地方的标志性建筑。而在法庭内的形象展示与布置上，普遍凝重、肃穆的室内装饰风格，加上硕大醒目的国徽；法官身上威严端庄的法袍；浸透着权力的法槌；严格的诉讼程序；庄重的司法礼仪；严肃的法庭纪律；同步录音录像等高科技设施等等，更是强烈地渗透、传递和张扬着法律崇高的地位与司法无与伦比的尊严，让每一位走入法院，跨入法庭的当事人和旁听公众对法律与司法心怀敬畏。

2. 内容方面的真实性与针对性

教育的内容是不是虚假的、可不可能在现实生活中发生、与受教育者将来的生活有多大关系，对于受教育者是否愿意接受教育，多大程度上接受教育有着关键作用。所以，任何一种教育方式，特别是涉及社会生活的教育，都特别注重教育内容的真实性。在这一点上，司法审判与其他教育方式相比更有优势。

（1）司法审判的真实性要求赋予了司法审判教育内容极强的真实性色彩。司法审判工作的本质就在于查清案件事实，解决矛盾纠纷。"以事实为依据，以法律为准绳"的原则是我国司法审判追求真实性的最直接体现。目前我国司法领域基于人的认识很难达到与客观真实绝对一致的程度，故在司法审判中更多地强调能以证据证实的"法律真实"，而作为客观实在的案件事实，在案件发生之后始终是客观地、绝对地存在着，因此法律真实观也必然要以客观真实为基础，不能与客观真实相背离。

比如，司法审判对真实性的追求在刑事审判方面要求做到"疑罪从无、从轻"，即只有在"犯罪事实清楚，证据确实充分"的前提下才能宣告犯罪嫌疑人有罪；在民事方面要求涉案当事各方为自己的主张提供充分的证据，由审判人员根据"证据优势规则"形成内心确信，即哪一方的证据更能证明争议的事实，审判人员就予以采信；在行政审判方面则要求负有举证责任的一方（即政府），提供证据对公民或单位所作出的处分或处理决定具有充分的事实根据和法律根据，否则就应当加以纠正，行政审判中对举证责任的倒置在保护行政相对人权益的同时，也充分体现出了对法律真实的追求。因此，司法审判对真实性的严格要求，使司法审判对案件事实的查明与裁判的结果，伴有司法裁判的强制性与终局性，并最终留给当事人和社会以强烈的真实性感受。

(2) 司法审判的真实性还带来教育内容上的鲜活性。进入法院的案件，都是对社会生活中具体矛盾纠纷的反映，公众由此会觉得这些矛盾纠纷，就是发生在自己周围的人和事，没有陌生感，不是空穴来风，并与自己行为存在某种预期性的关联。这样，公众就容易把自己置身其间，置身于某一特定的社会生活舞台，并进行相应的角色转换、行为替代与后果预测，从而产生良好的教育效果。

(3) 司法审判较其他教育方式具有更灵活更有效的针对性。如学校教育、家庭教育等，教育对象往往是固定不变的，可选择性不强。司法审判则能够较好地解决这一问题。法官经常会针对不同对象情况开展相应形式的法治教育，如设立未成年法庭，对未成年人开展针对性教育；结合农村实际开展巡回审判，设立"院坝法庭""期日法庭"，针对农村中的继承、赡养、土地承包等普遍性问题进行法治教育；针对行政审判中反映出来的行政执法的普遍性典型性问题，提出针对性的司法建议；针对某一社会关注度高的案件，进行网上庭审直播，扩大案件的知晓度和社会教育的影响面等，这些针对性的教育有效提升教育的效果。

3. 引导方面的权威性与强制性

就一般教育方式而言，教育者对被教育者的引导往往是循循善诱，以激发被教育者自身的主动性与积极性，在被教育者自愿配合下实现教育的最终效果，一旦离开被教育者的自愿配合，教育活动往往难以为继。司法审判则不同，其在教育引导上具有天然的权威性与强制性。

一方面，作为法律适用的具体实践环节，司法审判在本质上是一种国家裁判活动，由国家强制力保证实施，在国家的权力管辖范围内对全体社会成员形成普遍的约束力，因此，可以说司法审判在教育引导上的权威性与强制性是对法律本身权威性与强制性的自然承袭。

另一方面，司法审判在价值观上具有正向宣誓性和强制推行性。基于不同的立场，不同的价值观念，不同的社会主体对形形色色的个案会有不同的认识和评判。各种评判都有各自的依据和理由，是非对错并非决然。民众对司法个案的评判可以存在多种观点，但个案裁判的结论只能且必须是明确而肯定的。这个结论是司法审判人员根据个案的案情、按照法律的规定、结合社会的实际进行综合考量后得出的。该结论一旦生效，所涉个案的当事人就必须予以服从。同时，司法对公正的本能性追求也必然会促使社会公众形成服从司法裁决的大众趋同，从而促使其他社会主体对司法结论体现出来的价值理念予以遵从。

4. 手段方面的展示性与直观性

就教育手段而言，传输知识的方式大致可分为注入式与启发式两大类。注入式的教育手段突出教育者的主导性，强调知识的被动灌输，而启发式的教育手段则突出被教育者的主动性，强调知识的互动交流。司法审判在教育手段的使用既有启发式，又有注入式，但是又不是简单地运用，而是结合司法审判的特点，形成自己独到的知识传输方式，收到很好的教育效果。

比如，法官通过审判活动过程的展开，把诉讼的程序性要求直观展示出来，当事人和旁听群众通过参与或者目睹这一过程，切身了解诉讼的程序知识。同时，通过法官对其中违反程序行为的制止或者制裁，加深和固化当事人和旁听群众的程序观念。再比如，法官通过对案件事实的查证，再结合查证的事实运用法律进行相应的裁判，使抽象的法律知识得以形象化，让静态的法律知识动态化，从而让当事人和旁听群众能够更好地理解到法条的意思，增强法律知识及其运用的水平。特别是在案外的法治宣传教育活动中，"以案说法"之所以成为最受群众欢迎的教育方式，其主要原因就在"以案说法"对法律知识的形象展示，与对违法行为遭受法律制裁的带来直观感受。

5. 方式方面的独特性与多样性

运用司法审判进行法治宣传教育，最大的特点就是把法治宣传教育与司法审判活动相结合，以诉讼活动为主要载体，借助司法审判的特殊功能，更好提升教育效果。把法治教育与司法审判活动相结合，不同于学校、家庭等静态单一的教育方式，使法治教育能够紧紧依托司法审判活动，既推进审判工作，实现审判目的，又充分发挥司法审判的教育作用。让审判与教育相辅相成，相互影响，相互作用，使审判过程中的教育较其他教育形式更具直观性，影响更具广泛性，效果更具深入性。

在教育方式上，法官既可以利用诉讼过程，对当事人和旁听群众展开教育，又可以利用司法礼仪、法庭设置等文化载体进行法治教育，同时还可以在案外，利用已经审结的案件为素材，对特定或者不特定对象展开更大范围的法治教育。从更具体点的方法上讲，法官可以采取口头教育，也可以借用法律文书进行书面教育；可以循循善诱，耐心教育，也可以采取或者借用训斥、拘留、扣押等方式进行强制性教育等。

6. 影响方面的深入性与广泛性

（1）司法审判的影响具有深入性。司法审判活动处理的每一个个案都直接影响到涉案当事人的权益——受损权利的弥补、义务的承担、自由的限制、生命的剥夺等。可以说，司法审判活动轻则影响到涉案当事人的权利义务，重则影响到涉案当事人自由权和生命权，该种影响不可谓不深入。

（2）司法审判的影响具有广泛性。单从司法审判活动每年审理案件的庞大数量看，司法审判的影响即可体现广泛性。从司法个案来看，每一个司法个案都是对社会矛盾、社会纠纷的化解，这些个案有广泛的民众关注基础，是民众渴望平等、公正的社会环境的一种直接表现，也是表达维护自身权益需求的方式。而司法个案中的疑难、复杂、敏感案件往往容易吸引媒体和民众的眼球，引起社会群体的集体性讨论，甚至还会带给民众相当程度的思想冲击，刺激民众对法律的主观认识。同时，司法个案涉及社会的各个领域和各类社会主体，其影响的广泛性不言而喻。

第二节　司法审判中公序良俗原则的适用

公序良俗原则指国家社会一般利益，以及普遍承认的伦理道德标准。公序良俗原则作为我国民法中的一项基本原则，其在法律与秩序、道德之间构建了一座桥梁，补充了具体法律规则的空缺，确立了从事法律行为不能违背公序良俗这一界限，对于维护社会秩序和公众利益有着不可或缺的作用。

一、公序良俗原则合理适用的判断

为解决审判环节适用公序良俗原则所出现的"寻求一般条款之规避"的问题，需进行价值层面的讨论。即便完美无缺的程序，最终实施也要立足于个人，因而确立价值判断体系对于公序良俗原则在审判环节中的适用显得尤为重要。

首先，在公序良俗原则的价值判断体系中，其依据的绝不是裁判者自身的主观认知，当然也不是某些人的认知，它应是在立足于时代环境下，结合特定民族、地域而产生的社会公知。

其次，价值体系中所规定的标准应当处于道德标准中的中等水平。若将标准制定得过高，就相当于用对于"圣贤"的标准去要求万千大众，这显然不符合法律是最低伦理标准这一特性，大众的思想水平也是无法达到统一尺度的，这显然是不具有现实意义的；当然标准也不宜定得太低，因为低标准无法达到公序良俗原则所期望达到的法律之外的作用，即对人们的思想、行为进行规范和指引。

最后，凸显公序良俗价值判断体系属于政治体制的选择范畴，特别是宪法中关于基本人权的规定，其保障了公序良俗价值体系的正当性。

因此，公序良俗原则的价值判断体系应以客观因素为基础，统一感性要素和理性要素进行综合考量。在价值体系的确立过程中，一定程度上可以提升裁判者法律论证的科学性。将说理部分置于完整的价值判断体系下，从而限制裁判者滥用法律原则，使原则性条款的适用更趋于理性化和客观化，进而消减原则与规则之间的冲突。确立公序良俗在个案适用中的价值判断体系，避免法律因素过度道德化，是减少裁判者在法律适用上"寻求一般条款之规避"情况的有效方法。

二、公序良俗原则规范化适用的标准

因公序良俗原则具有模糊性、灵活性与时代性，导致法官在审理案件时自由裁量权较大，有同案不同判现象。"为了让公序良俗原则更具有操作性与指引性，需明确它的适用标准。在进行审判时，应当遵循法律规则优先，若没有具体规则适用，方能适用法律原则。"①

（一）时间因素

公序良俗是具有时代性的，社会的发展会引发各种法律因素的变革。通常情况下对于法律行为是否违背公序良俗进行考量，应基于行为成立之时，行为效力一旦因违背公序良俗而被否定，那么后世观念之改变不会使之重新有效。因为公序良俗所具备的时代性，在行为人是基于自身所处于的特定社会、时代环境来认知自己实施的行为与公序良俗之间的关系，将未来不能预知的情形加以考虑是不现实的，这也体现了法不溯及既往原则的价值，也是基于对行为是合理预期的保护。

（二）地域因素

公序良俗具有地域性，早已成为社会的共识，历史文化、地域特征、族群习惯等因素都会引起公序良俗的地方差异化，因而在客观层面，需要对法律行为中的地域因素进行剖析。

以行为地为前提，结合国家、民族、地域三因素考量的公序良俗原则的适用标准更为合理。国家作为制定法律的主体，公序良俗中地域性的考虑首先要符合国家的整体标准，以便于法律的一般性。但我国民族众多、幅员辽阔，在某些地区会存在与国家整体风俗习惯的差异，例如在西藏的水葬习俗，在离开特定区域，这样的行为显然是不为法律和社会所认可的。综上，公序良俗的考量，首先应考虑国家标准，其次结合行为地的民族性、地域性差异因素，从而进行全面考量。

（三）主观因素

行为人的主观认知与其行为是否违背公序良俗之间无必然联系，即行为人最终是否应被法律所谴责不考虑任何主观因素。行为违背公序良俗与否，归根结底是因为行为本身所导致，因主观意识具有太多难以预测的因素，若将之包含到判断行为违背公序良俗与否的标准中，将导致法律最终难以解决

---

① 李涛，郑远民."公序良俗原则"在司法适用中的问题及建议[J].长春理工大学学报（社会科学版），2019，32（02）：31.

实际问题,增大法律中的不确定风险。公序良俗原则的立法意义在于维护社会一般秩序和普遍善良风俗,其一般性和普遍性使得公序良俗属于社会公知的范畴,个人主观认知显然不能挑战社会公知的地位。这类似于刑法中违法性认知错误,行为人主观上认为不违法,实际属于违法行为,最终不影响法律责任的认定。

三、公序良俗原则与诚实信用原则的区分

区分公序良俗原则和诚实信用原则应从以下方面进行。

第一,公序良俗原则和诚实信用原则所维护的法益存在区别。前者所维护的是社会个人之间以及个人与社会之间的法律关系,突出对社会秩序和公共道德的维护;后者的保护对象则指向经济交往中所包含的法律因素,突出对民事主体利益的维护。

第二,公序良俗原则和诚实信用原则的规制手段不同。前者是基于行为本身和其法律后果进行规制,一旦民事行为的过程或结果不符合公序良俗原则所确立的标准,就会被认定为无效,判断对象并不包含行为人的主观意识。而后者则是综合主观和客观层面进行规制,其主观方面是指毋害别人的内心状态;其客观方面是指毋害别人的行为。可见诚实信用原则规制的不限于民事行为自身及其所致后果,同时也会将行为人的主观意图作为规制对象。

第三,公序良俗原则和诚实信用原则适用的法律后果和作用不同。一项行为会因违背公序良俗原则而当然无效,因为该原则带有极强的社会属性,为了保护社会稳定、实现社会发展,否定民事法律行为的效力是实则是为了保护公共利益;而不诚信的民事法律行为并不是当人无效的,因为诚信原则具有更强的个人属性,侧重于保护经济活动中的双方。

四、公序良俗原则统一适用的路径

(一)构建司法适用指导案例资源库

指导性案例制度是我国为克服成文法之缺陷,统一法律适用的一项重要

举措。该制度的推行为处理疑难案件提供了新的路径，同时在一定程度上能降低类案不同判现象的发生，维护司法权威。在个案中，原则性条款的适用一般会涉及裁判者自由裁量权扩张问题，无规制的自由裁量权往往会导致案件结果掺杂着裁判者过多的主观色彩，最终导致有损法的权威性现象的出现。因此，为避免相似案情出现相差甚远的判决结果，防止公众对司法权威性产生质疑，构建在审判环节具有参考价值的指导案例资源库就显得尤为重要了。

对于构建案例资源库的主体问题，当下是由最高法进行指导性案例的筛选和释明。但因我国国土辽阔、民族众多、文化多元等客观因素的影响，人们的道德观念、风俗习惯是存在差异性的，这也直接导致了公序良俗具体适用上存在的地域性问题，若指导性案例制度的发布主体始终限于最高人民法院，是难以解决公序良俗中地域性差异问题的。据此，应在不违背最高法所确立的案件处理原则前提下，将部分公序良俗内涵中涉及民族性、地域性特定问题的指导性案例搜集、发布本院所辖地区指导案例的权力授予给高级人民法院，或许更具实际层面的意义。具体操作则是以高级法院自主搜集公布为主，下级法院报送具有法律意义的案件并由高院筛选、公布为辅的操作模式，这样在保障最终向社会发布的指导性案例具有的权威性的同时，兼顾了获取案例渠道的灵活性的多样性。值得强调的是，高级人民法院所公布的指导案例仅在其辖区内具有指导作用，辖区外法院不得参照适用。

在解决公布主体问题后，对于指导案例资源库该如何构建，笔者认为应当依据案件所涉及的法律关系进行分类，典型的如合同案例、物权案例、婚姻家庭案例等。在构建了较大的分类体系之后，可以再结合地域、民族特点进行细化，释明其法律价值并提供具体适用的建议，将涉及公序良俗的案件进行系统整合，可以使法官更为精准地给案件定性，提高操作的便捷性。

（二）出台具体适用的司法解释

审判环节适用原则性条款的个案为何时常成为理论界讨论的对象，究其根源，是由于原则与生俱来的抽象性和不确定性的特征，难以适用、词不达意也是因其特征所导致。公序良俗原则是灵活性是原则性条款的共性，不确定性和灵活性的共同存在，导致其在审判环节适用中始终存在适用上的困境，最高法院作为我国制定司法解释的主体，在总结大量裁判经验之基础上，出台相关的司法解释未尝不是一条推进公序良俗原则规范化适用的"快车道"。因此，出台相关具体的司法解释可以在发挥案例资源库的基础之上，更加全面地规范审判环节公序良俗原则条款的适用。此政策若能得到有效推行，不仅可以促使法官难以适用公序良俗原则、裁判文书中说理词不达意等问题的解决。

难以在审判中适用，属于公序良俗原则中存在的根源性问题，想解决此问题必须结合多种方法、权衡多方面因素，但裁判文书中说理词不达意的问题或许可以通过更为简单的方法解决。在一份完整的文书中，必然包含了说理部分，说理的充分性可以体现结果的科学性。因此，出台具体的司法解释，可以使裁判中在审理涉及公序良俗的个案时，能更加明确地对相关法律概念进行界定并说明，提升判决的合理性。

论证充分是保障判决合理性的前提，因此对于涉及公序良俗法律因素部分，怎样的论证才能更令人信服，应立足于以下步骤：

第一，阐述适用此原则的正当性，即为何选择适用该原则。这也是最重要的一点，法官明确了适用理由不仅可以防止自由裁判权的扩张，还可以提升大众对判决结果的认同。

第二，阐述该原则与本案之间所存在的因果关系。这也是步骤一的延伸，是构架法律与现实之间的桥梁。

第三，立足于原则之立法目的，兼顾地域性差异，结合具体案情进行细致的说理。为何要对说理步骤进行思考，是因为公序良俗这一法律概念自身所具有时代性和地域性所致，法官在审理相关案件时，有着较法律规则适用时更高的说理义务，这也为保障大众所期待的公平正义之要求。另一方面，裁判说理也属于释明法律，是让大众认知司法、理解法律的过程。较好的释法过程可以使人们树立良好的法律意识、信任司法、积极配合执法。

综上，构建司法适用指导案例资源库和出台具体适用的司法解释是具有实际价值的，分别在类型化层面和规范化层面为公序良俗的司法适用提供了具有价值的路径,不仅可以在一定程度上解决公序良俗在审判环节难以适用的问题,还可以处理在使用中存在不严谨、文书说理词不达意等问题。

第三节　司法审判对社会主义法治精神的培育

一、司法审判对社会主义法治精神培育的基本途径

司法审判对社会主义法治精神的培育不是一句口号,而是一个系统复杂的过程。要切实抓好这项教育实践活动,必须要遵循马克思主义认识论,遵循司法审判的规律、思想政治教育的规律,同时也要遵循文化建设和社会发展的规律。要借用社会系统工程的思路,紧密结合人民法院审判工作的实际,把对社会主义法治精神的培育,贯穿到每一个司法案件的审理之中,融入到法院改革、法院文化和党的建设之中,渗透到每一个法官思想、工作、生活之中,只有这样司法审判对社会主义法治精神的培育才能够说是找对了路子,也才可能落到实处。

(一)贯穿于司法审判活动的全过程

司法审判对社会主义法治精神的培育就方式方法而言,最大的特点就是以审判活动为载体,充分利用司法审判的特点和优势,来开展法治教育实践活动。如果离开了审判活动来谈司法审判如何培育社会主义法治精神,那注定是一句空话。因此,把对社会主义法治精神的培养教育贯穿司法审判活动的始终,就成为这项教育实践活动最基本的途径,也是最基本的方法。

1. 立案全过程

立案阶段的主要目的是使符合特定类别诉讼程序受理条件的涉诉案件进入案件审理阶段,并将不符合案件受理条件的涉诉案件排除在案件审理之外。司法实践中,在立案阶段经常会遇到两种情形:①当事人有具体合理的诉求,但不知如何起诉;②当事人的诉求系无理诉求,不属于相关法律的受理范围,仍然执意起诉。这两种情况出现的重要原因即是当事人的法律知识匮乏、法律意识淡薄。因此,在立案阶段,法院首要的工作便是与当事人积极沟通，为当事人耐心解释法律，使其在充分理解法律规定的前提下，就合理诉求，依法定程序准备材料及证据并予以立案；就无理诉求，则自行撤回起诉。

为了便于当事人在法院立案起诉，满足人民群众的司法需求，要尽力为当事人提供"一站式"司法服务。要充分发挥"一站式"服务过程中的诉讼引导、立案受理、联系法官、材料收转、案件查询、法律咨询、司法救助等功能，加强对当事人的服务。要在诉讼服务中心大厅内广泛设置宣传信息栏、滚动电子屏、导诉手册、法律咨询台等，通过图文、音像、面对面交流等多种形式，积极介绍、推广诉讼制度、法律精神。

立案阶段是个案当事人接触法院的第一步，法院的立案庭是个案当事人与法院互动的最初窗口。正是在立案阶段，个案当事人最初并最为直接地感受到法律的程序价值，并形成基本的法律规范意识，因此，要特别重视立案阶段的法治教育。

2. 案件审理全过程

审理阶段的主要任务是由合议庭根据具体案件事实，以及相关法律，在开庭审理的过程中使双方当事人充分辩论阐述观点，在充分掌握案情的基础上，依据相关法律规定，进而得出公正合理的裁判。

要在会见当事人以及调查取证程序中对当事人进行法治教育。通过会见当事人，主审法官不仅能够进一步了解案情，并且还能够为双方当事人解释法律、缓和矛盾，在某些情况下还能够促成当事人双方冰释前嫌而达成调解。因此，可以说会见当事人的环节，是个案当事人第二次接受法治教育的过程。

要充分利用庭审这个法治教育的主战场。案件的开庭审理环节，是法院开展法治教育的主要阵地，这里不仅能够对当事人双方予以法律知识、法治理念的洗礼，同时也能够对所有参与旁听的群众予以法治观念的熏陶。庭审过程具有庄严的仪式感，庭审的过程也充分体现出严格的程序性，主审法官的法言法语也进一步强化了这种庄重的气氛。在这样的氛围笼罩之下，参与庭审过程的所有人，都能够体会到法律的威严，并且对于具体的个案形成最为直接且显著的法律认识。就个案当事人而言，由于裁判结果关乎其切身利益，因而是法律知识与法治理念的最直接接受者。而参与旁听的其他人员，由于身临其境，虽然判决结果与己无关，但该案件所反映出的法律规律则会令其印象深刻，并对其今后的行为形成指引，即在面对同样的情况时做出合乎法律的行为选择。因此，个案审理是法院开展法治教育的最主要途径，而核心则是庭审过程。

3. 案件执行全过程

如果说司法是维护公平正义的最后一道防线，那么生效司法裁决的执行则是实现公平正义的"最后一公里"。执行工作是将法律文书上的权利变为现实的过程。执行阶段的根本目的即在于实现生效判决，维护司法权威。因此，在执行阶段对被执行人的强制执行，不仅是对申请人合法权利的保护，而且是对被执行人，包括社会公众一次严肃、深刻的法治教育。

改革开放以来，我国经济高速发展，社会生活中的经济交往活动渐为频繁。随着与日俱增的经济交往活动而来的，则是大量的经济纠纷，拒不履行债务的人正是在这样的社会背景中产生的。对此，要建立失信被执行人名单制度，将失信被执行人信息统一录入全国法院失信被执行人名单库，并向全社会公开，力争通过舆论的监督和社会评价的降低来促使被执行人履行债务。要通过对失信被执行人员个人情况的披露，强制其履行债务的同时，使被申请人，包括社会公众受到深刻的教育，认识到诚实信用的重要性。

（二）融入司法体制改革、法院文化建设与党的建设中

1. 法院司法体制改革

要进一步深化司法体制改革，要通过改革，解决那些与经济社会发展、民主法治的进步、人民群众的司法需求不适应、不协调的问题，解决影响司法公正、制约司法能力的体制性、机制性、保障性障碍。此次改革是立足现实，着眼长远，涉及人民法院从审判到人、财、物管理的若干重大关键的问题，而其中健全司法权力运行机制、深化司法公开、建立符合职业特点的司法人员管理制度等，更是直接涉及到了人民法院的法治宣传教育工作。为此，相关部门应该抓紧做好顶层设计，把人民法院法治宣传教育工作纳入司

法改革的总盘子里去，协同其他工作问题，系统性地解决法院法治宣传教育工作中存在的问题，特别是一些积重难返的深层次问题。把法院法治宣传教育工作融入司法体制改革全过程，既是解决司法审判培育社会主义法治精神教育实践活动，包括法院整个法治宣传教育工作中存在问题的关键，又是推动落实上述工作必须选择的重要途径之一。

2. 法院文化建设

在司法审判对社会主义法治精神进行培育的教育实践活动中，法官对此项工作认识不够、动力不足，成为影响教育效果的重要因素之一。要解决这个问题，需要多管齐下，包括加强队伍培训、建立监督评价机制等等。但是，认识不够、动力不足，归根结底属于法官的思想问题，要加强对法官的思想教育这一关键，就需要融入法院文化建设。

文化作为一种软实力，是社会经济形态上升到一定层次的必然反映，具有无穷的生命力与竞争力。而文化本身也是一种教育力量，在特定时空中的文化构成了文化环境、文化氛围，对生存于其中的人产生着潜移默化的影响，发挥着强大的教育作用。因此，法院文化本身既是人民法院针对当事人或者旁听群众的一种教育手段，也同时是针对法官个人和群体的一种教育手段。把司法审判对社会主义法治精神的培育融入到法院文化建设之中，既能对外加强对当事人和全体群众的法治教育，对内也能增强法官法治信仰，激发法官奉献精神，成为解决部分法官在法治教育过程中认识不够、动力不足问题的重要手段。具体而言，要从以下方面进行融入：

（1）融入法官文化建设。法官文化是指法官群众在司法实践中创造的具有法官职业特色的社会生活方式和精神价值体系，是法官在履行法定职责过程中所反映出来的一种群体行为取向，也是法官对自己的社会角色所持有的一种道德价值共识。要通过法官文化的培养与熏陶，来提升法官的法治意识、法治理念、司法水平、知识修养、道德操守、精神追求等。尤其是要解决法官进行法治教育的心理、意识、价值三大问题，使其真正认识到在司法审判中灌注法治教育的重大意义，增强其法治教育的自觉性和荣耀感。

（2）融入审判文化建设。法律是美的，司法也是美的，诉讼法律制度本身就是精神人类法律智慧的结晶,也是承载司法技艺和法治文明的体现。法官在追求司法真善美的过程中,通过对法律知识的运用、审判过程的细化、裁判方式的把握,把审判实践总结升华为审判文化,对法官与当事人思想品格的塑造都将产生积极的影响。其内容包括:法律信仰与法律平等;权利保障与权力制约;程序正义与公正效率等。

文化具有传播功能,它可以把一定的思想观念、经验技艺和其他文化特质从一个社会传到另一个社会,从一个地方传到另一个地方。审判文化同样如此,它能够在陶冶育化法官的同时,深深地影响当事人。因此,在司法审判对社会主义法治精神培育过程中,我们要注意把培育工作融入到审判文化建设之中,充分利用审判文化的传播功能,向当事人甚至社会辐射法官的价值追求、思想观念等,引导、规范、凝聚、激励社会公民尊崇法律、知法守法,努力追求、共同维护公平正义。

(3) 融入法院环境文化建设。法官是法院环境文化的内部受众,当事人和其他进入法院的社会公众是法院环境文化的外部受众。良好的法院环境文化,既能够有效调动法官的职业荣耀感和工作积极性,同时又能够增强当事人和社会公众对法律与司法的尊崇,使他们每进一次法院就受到一次深刻的教育。为此,我们要把司法审判对社会主义法治精神的培育与法院环境文化建设融合起来,包括与法院"物态环境"与"人文环境"建设相融合,使法院在建筑、法庭设置、司法礼仪、文化活动、制度管理等等文化载体中所蕴含的公平正义、法律至上、法律平等、诚信友爱、规则之治的精神内涵,成为对当事人和社会公众无处不在、无时不在的无声教育。

3. 法院党的建设

社会主义法治精神是党的思想建设的主要内容之一,是党的组织建设的必然要求,是党的制度建设的有力保证,是党的作风建设的价值追求,是人民法院努力实现让人民群众在每一个司法案件中感受到公平正义的内在动力。所以,社会主义法治精神的培育与法院党的建设在本质上紧密相关,在内容上高度契合,在实践上互动共生。把对社会主义法治精神的培育融入法院党的建设,不仅是对社会主义法治精神的弘扬与法院党的建设的一致性和互动性的确认，而且是对社会主义法治精神培育途径的拓展。

（1）把对社会主义法治精神的培育有效融入法院党的思想建设之中。要以建设马克思主义学习型政党为基本路径，坚持用马克思主义法律思想和有中国特色的社会主义法治思想来武装全体法官的头脑，努力学习习近平同志关于依法治国一系列重要论述，不断提高思想政治水平，做社会主义法治精神的实践者与弘扬者。

（2）把对社会主义法治精神的培育有效融入法院党的组织建设之中。要坚持德才兼备，以德为先的原则，在党组织的组建、党员队伍建设、干部人才队伍建设过程中，全面考察党员干部的马克思主义法治理论水平与创新实践的绩效，要把法治教育的履职情况纳入对法院党员干部，特别是党员领导干部的考察内容。

（3）把对社会主义法治精神的培育融入法院党的作风建设之中。坚持以人为本，司法为民的理念；坚持面向社会，突出重点；坚持创新方法，方便群众，深化法治教育工作的认识，自觉投身教育民众的法治教育实践活动，同时又在实践活动中虚心接受群众的教育，增强社会对司法的信任，加强党同人民群众的血肉联系。

（三）发挥法官的培育主体作用

司法审判对社会主义法治精神的培育，最终需要落实到每一个法官身上。要从法官日常生活入手，从小处着眼，来认真研究如何才能使法治教育的责任感在每一个法官那里入脑入心，如何才能够使教育公民遵守法律的职责要求融入每一个法官的现实生活，并成为每一个法官的行动自觉。解决了这些问题，司法审判对社会主义法治精神的培育也就有了良好的基础和前提。

1. 渗透于法官的思维方式

所谓思维方式，就是在实践活动中，思维主体借助一定的思维形式认识和把握对象本质的某种手段、途径和思路，并表现出较为固定的、习惯的形式。虽然一个人的思维方式是其在实践活动中多种因素综合作用的结果，有着明显的个体性差异，但是其对每个人的实践活动都起到重要的支配性影响。

运用司法手段对社会主义法治精神进行培育，要把它深入到法官的头脑中，形成法官履行法定职责，推进法治建设，符合社会主义法治精神要求的思维方式；要把它渗透到法官的精神层面，形成法官的思想认同；要把它渗透到心理层面，形成法官的心理认同。

要树立互联共赢的思维方式。在全球化背景下，每个社会主体既要看到自己的存在，又要看到主体之间合作共赢，对抗共损的情况。因此，我们要促使法官彻底抛弃单纯的个体性、区域性观念，树立双赢和共赢观念。这种思维方式的树立，将为改变部分法官审判工作"私事化"倾向，增强法官社会责任感，从而为提升法官法治教育积极性，提供新的视野和机遇。

要树立和谐思维方式。和谐思维是在承认矛盾斗争性的同时，强调矛盾的统一性。以这种思维方式看待和处理问题，就会多一些相互尊重、相互学习，少一些相互指责、相互争斗。要把这种思维方式内化为法官的心理状态、处事态度、工作方法，从而增强法官司法为民意识与法治建设的担当意识。

2. 渗透于法官的工作方式

法官对当事人和社会民众进行法治教育，不仅仅是思想上的事情，更是要落实到法官的审判工作之中。司法审判培育社会主义法治精神最大的特点就是法官利用司法审判作为手段来展开法治教育，因此必须强调要把法治教育贯穿到法官审判工作的各个环节，使诉讼过程成为社会主义法治精神的传递过程与渗透过程。

要把创新精神贯穿法官的审判过程。法官要立足审判工作实际，在依法推进诉讼过程，实现公正裁判的基础上，不断总结自己的教育经验，创新更加贴近审判实际，更加符合法治教育需要的方式方法，不断提升法治教育的效果。

3. 渗透于法官生活方式

一种思想观念要想真正发挥作用，必须融入社会生活，让人们在实践中去感知它、领悟它。反之，如果离开了生活实践，再好的思想也只能是空中楼阁。培育社会主义法治精神不是抽象的说教,而是要具体到每一个法官身上的职责;不是停留在纸上的口号,而是法官现实生活中的具体行为。因此,在法官进行法治宣传教育的过程中,重要的环节就是要将其生活化,把法治教育同法官的日常生活联系起来,融入到法官的现实生活之中,让法官能够真心感受和体悟。

4. 渗透于法官的交往方式

法官是自然人,也是社会人,不可能生活在与世隔绝之中,注定了法官与法官之间、法官与社会之间存在各种形式的交往行为。交往是社会实践的一种形式,它与生产是实践活动不可分割的两个方面,也是其他社会实践的必要前提。交往影响人们思想认识与价值观的形成。在交往中,人与人之间形成主客关系,双方认识与被认识、反映与被反映、作用与被作用、改造与被改造,从而形成某些共同的思想认识与价值观念。因此,要把社会主义法治精神融入法官与法官之间、法官与其他社会主体之间的交往,通过价值引导,成为行为习惯。要高度重视互联网这一文化载体的社会交往力,要加以充分利用,使之成为弘扬社会主义法治精神的重要载体。

5. 渗透于法官的行为方式

培养法官法治教育的社会责任感也必须通过审判实践去养成,要通过负责任地开展好法治教育而成为有法治教育责任感的人。法官要在一个又一个的案件审理中,自觉主动担负起法治教育的重任,自觉规范自己的行为,认真负责、耐心细致地开展法治教育工作。同时,要注意完善各种相应的规章制度和行为准则,用制度来约束行为,使法治教育的责任意识化为行动自觉,又在自觉行动中升华责任意识。

二、司法审判对社会主义法治精神培育的方式手段

司法审判对社会主义法治精神培育的方式手段,大致有四类。在审判过程中,主要有借助司法行为与借助法院文化载体两类;在案外进行的法治宣传教育中,主要有借助大众传媒与新媒体平台两类。其中,借助司法行为与借助法院文化载体两类,多属传统的方式手段,多是自人民法院诞生以来,就开始运用于法院法律宣传教育之中。借助大众传媒与新媒体平台，则多属近几年来才逐渐开始运用的方式手段。

（一）司法手段

司法审判对社会主义法治精神培育的过程，就是法官在案件审理过程中（包括在案外的法治宣传教育活动中），运用司法审判手段和其他载体，对当事人和社会公众进行法治教育的过程。因此，借助司法手段进行法治教育，就成了司法审判对社会主义法治精神进行培育最基本，也是最重要的方式和手段。

从法官的角度来看，包括法律所赋予的法官在审判过程中所能够运用和行使的一切法律行为，都可以成为法官教育的方法手段，只是法官在不同的情况下有所选择性地使用而已。另外在法官运用的方式手段当中，除了以法官的行为方式出现的外，还有法官借的助司法程序或者环境条件。总之，方式手段可谓林林总总、多种多样。为了能够加以说明，把法官在诉讼过程中运用的方式手段，从不同的角度进行划分。

1. 强制手段和说服手段

强制手段就是法官针对当事人在审理过程中某些违法行为，运用法律赋予的手段对其进行严肃的批评教育，甚至是强制要求其执行某种行为。如训斥、强制执行、拘留等。说服教育，是指法官在诉讼过程中对当事人进行的耐心细致、依法依理的教育，重在通过讲道理，让当事人接受自己的观点或者意见，如司法调解过程中对当事人的劝导等。当然，这两种方式并不是非此即彼的，有时候法官两种方式是交替使用，甚至是交叉在一起使用。

2. 显性手段和隐性手段

显性手段，就是当事人身体能够直接感知的教育，而且是直奔教育当事人目的而去，如法官在法庭上对某一当事人进行训斥。而隐性手段可能恰恰相反，就是法官的某个行为，其主要目的并不是在教育当事人，主要目的是诉讼的需要，但是行为的实施过程，又会让当事人受到教育，也就是说法官对当事人的教育是隐含在某种行为之中的，如法官对诉讼程序的推进，主要目的是为了审判活动的依法顺利进行，但是这个过程会让当事人熟悉了解程序规则，增强规则意识。

3.语言手段和非语言手段

语言形式就是法官直接借助于语言表达的方式，对当事人进行教育。又分为口头语言与书面语言形式。法官对当事人的教育运用最多最直接的就是口头语言形式，具有快捷、明确、直截了当的效果。书面语言形式中最典型的就是裁判文书，一份内容详实、说理透彻、文字优美的判决书，就是一篇最好不过的法治教育教材。至于非语言形式的教育，在诉讼过程中更随处可见，如诉讼程序、司法礼仪、法庭设置等，都是无声的教育。

4.直接手段和间接手段

以对当事人的教育是否具有直接性，又可以把法官的教育手段分为直接教育手段与间接教育手段。直接针对某一教育对象进行教育而运用的手段就是直接手段，比如证人出庭时，法官对证人要进行有关作证义务、作证要求方面的教育，这显然是直接针对证人的教育，法官此次运用的就是直接教育手段。但是由于对证人的教育是当庭进行的，当事人和旁听群众也都会听在耳里，法官在教育证人时，无形之中也对当事人和旁听群众进行了教育，这就是间接教育手段的运用。

（二）典型案例

司法审判对社会主义法治精神的培育，除了法庭这个主阵地之外，还包括人民法院在法院以外，开展的面向社会大众的法治宣传教育活动，比如组织法官进校园、进工厂、进街道、进机关等开展的"法律宣讲""法治讲座""法官说法"等活动。在这些中，最受听众欢迎，效果也最好的方式方法就是"以案说法"。法官根据要宣讲的主题，结合自己或者其他法官曾经审理过的案件进行教育，直观生动，既易于理解，又有根有据。

（三）文化载体

文化作为一种软实力，具有强大的教育作用。借助法官文化载体主要包括：①法官的知识文化载体，如运用法官的法学知识、政治知识、社会知识等对当事人进行教育；②法官的精神文化载体，如用法官，特别是优秀法官科学的司法理念、崇法秉正的职业道德、公正无私的职业操守来教育和感染当事人与社会公众；③法官的行为文化载体，法官用自身行为来教育当事人，包括法官的审判行为、社交行为、宣传教育行为；④法官的制度文化，可以作为间接手段，在维护和推进上述法官文化，提升法官教育积极性上有着重要作用。

（四）大众传媒

大众传播，就是通过报纸、杂志、书籍、广播、电影电视等传播工具向人民大众传播信息的过程。大众传播在受众上就显现出人数众多、分布广泛、成分复杂、难以预计的特点，从而使它的覆盖面和影响力超出了人类历史上的任何传播形式。它能将分散性、情绪性和芜杂性的个人意见和观点整合为群体意识和公共意识，使人们的行为渐趋一致。可以说，人类社会发展到今天，还没有其他任何工具能够像大众传媒这样，如此便捷地传播政治观念、灌输意识形态；也没有任何其他结构能像大众传媒这样，如此有效地教育群众、动员群众、发动群众、组织群众。因此，司法审判对社会主义法治精神的培育，就充分利用了大众传媒强大的信息传播能力和意识形态影响力，充分借用大众传播的各种媒介，传播法律知识和法治观念，增强社会主义法治精神在法治思想领域的统摄力。

大众传媒中，主流媒体是关键。我国的主流媒体主要包括各级党报、机关报，以及国家和省市级的电台、电视台与网站等。主流媒体因为其政治与社会地位，以及品牌、人才、信息、受众、资本等方面的突出优势，具有一般非主流媒体难以企及的信息传播能力和意识形态影响力，使其成为司法审判对社会主义法治精神培育过程中借助的主要载体。

第二章 智能时代下民事审判及程序研究

第一节 民事审判权与审判制度

一、民事审判权

民事审判权是现代法治国家司法制度的重要组成部分，它承载着保护公民合法权益、维护社会公平正义的重要责任。在民事审判权的框架下，法院作为独立、中立的司法机构，依法对各种民事纠纷进行审理，保障了公民的合法权益，促进了社会秩序的稳定和法治的健康发展。

第一，民事审判权的行使体现了法治国家对于公民权利的尊重和保护。在现代社会中，人们的生活和工作可能会面临各种各样的纠纷和矛盾，而民事审判权的存在确保了公民在面对这些问题时有一个公正、权威的机构来进行裁决。不论是合同纠纷、财产权益纠纷还是人身损害赔偿等问题，都可以通过法院来解决，这为公民提供了一个依法维权的途径，保障了他们的合法权益不受侵犯。

第二，民事审判权的行使有助于促进社会公平正义的实现。在法院的审判下，不论当事人的身份地位如何，都将受到平等的对待和公正的裁决。法官依法审理案件，不偏不倚地根据事实和法律规定作出裁决，这有利于维护社会的公平正义，增强了人们对法律的信仰和对社会秩序的认同感。同时，通过司法裁判，还能够对不法行为进行惩处，起到震慑作用，维护了社会的稳定与安全。

第三，民事审判权的行使也推动了法治建设的不断完善。随着社会的发展和进步，法律法规也在不断更新和完善，而民事审判权的行使正是法治建设的生动体现。法院在审理案件的过程中，不断积累经验，不断总结和完善司法实践，推动了法律的适用和司法的规范化。同时，通过司法解释和司法解释，为法律的实施提供了重要的指导，确保了法律的统一适用和司法的一致性，提升了法治的效能和威信。

民事审判权的行使对于维护公民的合法权益、促进社会公平正义、推动法治建设都具有不可替代的作用。在法治国家的框架下，民事审判权既是司法机构的责任，也是公民的权利，只有不断加强民事审判权的保障和完善，才能更好地实现社会的和谐稳定和法治的持续发展。

二、审判制度

审判制度是指一个国家或地区为处理和解决法律事务而设立的一系列法律、制度和程序。它包括了法院的组织结构、司法程序、法官的选拔与任命、法官的职权和责任等内容。审判制度的设计旨在确保司法的独立性、公正性和效率性，以保障公民的合法权益，维护社会秩序，促进国家法治的实现。

（一）法院的组织结构

法院体系是司法制度的核心组成部分，它由各级法院构成，包括最高法院、高级法院、中级法院和基层法院等。这些法院在司法体系中承担着不同的职责和任务，根据案件的性质和复杂程度进行分工和协作。最高法院通常负责统一解释法律、审理重大案件和指导下级法院的工作；高级法院主要处理上诉案件和重要民事案件；中级法院则负责审理一般民事案件和行政案件；而基层法院则承担着最基础的民事审判工作，直接面对当地社会的实际问题。这一体系的建立和运作，确保了司法权的层级性和分工性，为公民提供了便捷和权威的司法服务，保障了法治的实施和社会秩序的稳定。

（二）司法程序

司法程序是法院审理案件的指导性框架，它详细规定了案件的审理程序和诉讼程序。这些程序包括起诉、答辩、举证、辩论和裁决等环节，每一步都有着明确的法律规定和司法解释。起诉阶段，原告提起诉讼并提交诉讼材料；答辩阶段，被告对原告的诉讼请求进行回应；举证阶段，双方按照规定提供证据以支持自己的主张；辩论阶段，双方就案件事实和法律问题展开辩论；最后，法院根据所收集到的证据和相关法律规定作出裁决或判决。这些程序的设立，旨在保障当事人的诉讼权利，确保案件的公正审理和裁决结果的合法有效。

(三) 法官的选拔与任命

法官选拔和任命制度是司法体系中的重要组成部分，明确规定了法官的选拔条件、程序和方式，以及法官的任命制度和管理办法。根据这一制度，法官的选拔通常依据其法律知识、专业素养、司法经验等方面的条件，通过考试、评定或者其他选拔程序进行选拔。选拔程序的公开透明和公正性是确保法官选拔的关键。法官的任命通常由国家主管机关或者专门的司法机构根据法律规定和程序进行，确保法官的独立性和中立性。此外，法官的管理办法是法官选拔和任命制度的重要组成部分，它规定了法官的职责和权利，以及对法官行为的监督和管理措施。这一制度的建立和完善，有助于保障法官的素质和能力，确保司法活动的公正、公平和高效进行。

(四) 法官的职权和责任

法官的权利和责任是司法体系中的核心内容，它们明确了法官在司法活动中的地位和作用。法官依法行使权力，负有审理案件、作出裁决或判决的职责。在审理案件时，法官有权要求当事人提供证据，进行质询和辩论，确保案件的充分审理和公正裁决。法官还有责任维护司法独立性和公正性，不受外界干扰和影响，独立、公正地行使审判权。同时，法官应当遵守法律、遵守职业道德准则，保守审判秘密，确保审判活动的合法性和规范性。法官的权利和责任相辅相成，旨在保障司法活动的公正性和权威性，维护法治的尊严和权威，为公民提供一个公正、高效的司法保障。

第二节 民事审判中的适用原则

一、民事判决中的适用比例原则

(一) 比例原则的含义及本质

1. 比例原则的含义

比例原则实际属于广义层面的理念,比例原则实际就是三大子原则的合成体,故而称之为"三阶理论"。

(1) 适当性原则,同时又被人们称之为妥当性原则等,指的是做出的行政行为必要能够促使相关目的得以实现,或能够促使目的得以实现,并且这种行为还是合法、正确的。换言之,在目的和行为关联性上,要确保行为的适当性。事实上该原则就属于"目的导向"。只要在一些行为实施过程中确保目的得以实现,则适当性原则就是成立的。就其最低标准依据来看,并非是以客观结果作为参照对象,而是参照行政行为实施过程中权力结构能否以相关目的为基准。行政实践中,不管是哪项措施的实施均能够对目的的实现产生促进作用,故而,该原则的实际作用意义不大。

(2) 必要性原则,通常也会被称为最小或最少侵害原则等。该原则所强调的是在适当性原则能够得到人们的充分肯定的情况下,针对可实现法律目的的样式进行挑选,从而选出对民众利益侵害最小的样式,换言之,除非不存在任何措施能够对民众利益保持损害最小,同时达到目的。这实际包含两层意思:①一定是有多种方式和途径可以实现法律目的,这是必要性原则可以适用的前提;②在多种方式中一定是挑选出于公民权利行使影响最小的一种来达到法律目的。由此可以看出,必要性原则在对行政权力行使进行规范的过程中,主要是立足于"法律后果角度",并保证行政权力以及相关措施间的比例协调。

(3) 狭义比例原则,又称法益衡量原则等,该原则所阐述的实际就是确保在实现行政目的过程中所应用到的措施能够与目的间满足一定的比例要求。其含义是，行政主体在实施行政行为的时候，面临多种方式来选择的情况时，应该先权衡方法和目的间的关系，进而挑选出最为有利的方式，并开展相关工作。狭义层面的比例性原则所指的是立足于价值取向，以促使行政权力及其相关措施间比例关系向着规范化方向发展。但就其对这种关系的考量来看，仍局限于针对个案中具体问题具体分析。

在实际应用过程中，还需要将三项因素纳入其中仔细考量人性尊严具有不可侵犯性；公益具有重要的意义，必须要加以考虑；要保证所采取手段的合适性。总的来说，适当性原则所强调的就是相关措施一定是有利于目的的实现，而必要性原则所强调的则是实现目的的方式一定是损害最小的方式，此外，就狭义比例原则所提出的要求来看，还是要在个案中通过具体的考量来分析手段本身的适当性。换言之，就比例原则所提出的三大要求来看，其立足点各不相同，既有目的取向，法律后果，又有价值取向，基于不同的监督，促使行政权力及形式行为间能够构成一定的比例关系。三个角度之间实际上是具有一定关联性的，缺一不可，只有这样才能保证比例原则内涵的丰富度。

2. 比例原则的本质

比例原则的三个子原则本质上是为了通过层层递进的方法规范行政权力行使，避免行政相对人权利受损。这样的一个公法上的帝王条款可否运用到民法领域，可以多大程度运用到民法领域，就需要从比例原则的公法含义中进一步抽象出其更普遍的内涵。

（1）保护倾向性。其对于弱势群体的保护具有高度的倾向性。比例原则作为行政法基本原则，其调整的是行政机关及其相对人之间的关系；作为宪法基本原则，其调整所有国家机关和公民之间的关系，特别是国家在限制公民基本权利的时候所适用的原则。当脱离公法背景之后，比例原则调整的关系都是双方存在强弱力量对比悬殊的主体之间的关系。

（2）可操作性和可预期性。比例原则名为原则，但实质上更是一种程序性规范。三个原则是按照顺序的位阶来适用的，需要满足三个程序，主要包括：①考虑采取的行政行为是否有助于目的的实现；②在众多的行政手段中选择对相对人侵害最小的方式；③考察采取的手段与想要实现的目的之间是否均衡。这三个程序只有满足了上一个程序才能启动下一个程序，当三个程序全都考察合格之后才能够确认行政行为是不违反比例原则的。每一步都有审查的目的和必要性，环环相扣最终得出结论。相比大而化之的原则，其更像是一种程序性的规定，实践中可操作性更强，也由于规范化、具体化使得具有一定的可预期性。

（3）自由裁量性。比例原则运用的核心在于权衡，在权力力量大小中权衡，在影响程度上权衡，在目的与结果的程度上权衡。这种权衡没有也很难有确定性及统一性，只能是赋予法官以一定的自由裁量权，所以在运用比例原则的时候很难有规律遵循也很难找到明确的规定；

（4）利益相关性。比例原则最初是为了限制行政权力的行使，后来又上升为宪法原则，在运用比例原则的情况中双方实力强弱从来是不对等的。如果在完全平等主体间运用比例原则，那么比例原则也将变成意思自治，裁量权就一部分交到了平等主体手中，这显然是有悖于比例原则的地位，所以比例原则无论运用在什么领域，一定会具有公共利益相关性。

（二）民事判决适用比例原则的必要性

第一，民事判决适用比例原则在民法领域中具有较好的适用性。该原则的确立主要是为防止公权力出现滥用的情况，其能否在私法领域进行应用，也具有一定的讨论价值。就比例原则所提出的要求来看，强调不可为某一目的而不顾一切，即要保证行为理性，也就是"理性之行为准则"，该著作指出该原则在私法领域中也同样具有较好的适用性，只要是有违比例原则的私法行为均可以被视为"违法行为"，在此情况下，公权力便有介入的基础。

将比例原则定位为一种理性行为准则，可以贯穿整个法律体系，在民法中即具体化为诚实信用原则等民法基本原则，体现的是其目的与手段之间的均衡性要求，只不过运用在民法领域可以加强对公权力的限制。

第二，比例原则在民法领域中并不具有良好的适用性。这主要是因为比例原则属于国家和公民个体间就相关权利进行衡量时所需要依据的判断标准，以避免出现公权力和私人权益冲突，有关私权间的权衡问题，私法领域中也存在有其他的衡量判断标准，诸如公序良俗以及权利滥用等。

比例原则是调整公共利益与基本权利冲突的原则，只能适用于公法领域，而民法是调整私主体间的财产及人身关系，对权力的限制是依私人间的合意，不存在公用利益与私人权益不对等的情况。

第三，适用于民法领域的比例原则仅限于狭义层面的比例原则。宪法中确立的关于人权保护的原则，从私法关系来看，实际就是包含着法益权衡理念的比例原则，就那些只能在统治关系中表现出必要性以及目的性的内容，也就是狭义层面的比例原则，以此类推，促使这些原则在私法关系中得到应用也是可行的。

将比例原则中最能代表法益均衡的狭义比例原则单独拿出来，认为在私人关系中不存在目的适当的问题，最核心的体现就是法益均衡。

由此可见，学者们对于比例原则在整个法律体系中的定位众说纷纭。比例原则作为一个宪法原则，究竟是一个较高等级的理性行为准则，可以贯穿于整个法律体系，还是仅仅作为防止公权力滥用的原则，这是学者争议的核心。

比例原则在调和相互冲突的权利、利益和价值方面，具有广泛的作用空间。而且比例原则运用于民事判决中有其必要性，主要体现在以下方面：

1. 民法的发展与比例原则本质契合

从近代民法发展到现代民法，从意思自治、契约自由到诚实信用等基本原则的出现，就是因为民法调整的关系除了完全平等的民事主体之间，还出现了需要协调个人利益与公共利益之间的情况，为了避免实际上的不平等，故而出现了诚实信用等基本原则。实际上比例原则可以适用于民事判决领域的核心原因是因为随着民法的发展变迁，其与比例原则的本质有部分是契合的。

（1）民法中亦存在强弱实力对比。这种强弱力量对比并非一般意义上的强弱力量对比，主体双方形式上是平等的主体，但是由于双方占有资源程度的不同，形成了一种实质上的不对等。各个平等主体之间不可能如同宪法基本权利一样具有刚性，如果单纯限制一方是不会具有合理性和正当性的，所以只能是把冲突的私人权利限制交给彼此双方。这种情况下，看似平等的地位下，由于占有社会资源多少不同，实力强弱的差别立显，这种实质上的不平等就会随之产生。

（2）民法中亦具有公共利益的因素。民法最初是纯粹涉及到私人利益的法，但是随着社会的发展也已经和公共利益的相关了。我国民法对于公共利益的适用可以从两个层面探讨：①对于人们行为自由限制的公共利益，这主要体现在限制人们的行为自由，在实际判例当中体现为公序良俗；②对人们权利进行限制的公共利益，这主要目的是剥夺人们的实体权利。这就说明公共利益相关性在现代民法领域已经是存在的了，这与比例原则在具有公共利益相关性的本质上亦具有契合性。

2. 填补民法保障民事权利的局限性

民法作为调整私主体之间利益的法律，核心是私法自治，但是私法发展到今天，很多时候双方主体的势力强弱已经分化悬殊，私主体之间平等的期待已经很难达成。比如劳动合同签订双方，一方是普通劳动者，一方是雇佣公司，显然劳动者势力更为薄弱；再比如业主委员会与各业主之间，双方势力强弱悬殊，这个时候契约自由或私法自治就会出现程序上正义，但实际结果并非实质正义的情况。而之所以比例原则作为宪法原则可以弥补民法这一局限性，本质上是因为宪法权利和民法权利之间既具有契合性又具有补充性。

（1）宪法权利与民法权利具有契合性。宪法规定的基本权利与民事权利有一部分重合性，因为宪法权利的规范射程比较广，比如宪法中的财产权和人格尊严权，基本上就可以概括了民事权利的全部。换言之，民法基本权利均可以在宪法中找到渊源，这并不代表宪法可以引用到民法领域，但至少可以说明民法权利与宪法权利有一定的重合度，这种重合就为宪法原则引用到民法领域提供了一定的可能性空间。

（2）宪法权利与民法权利的不同。宪法权利义务双方主体是不平等的，一方义务主体是行使公权力的国家，而民法权利义务双方规定都是平等的；宪法基本权利是具有刚性的，对于国家与人民关系的规定一定是要严格遵循宪法，也一定会经过比例原则的审查，而民法权利义务关系的规定是基于双方的合意，是平等私人主体间的，不可能强行限制或审查。

通过宪法权利与民法权利的同异分析，可以得出结论：宪法权利与民法权利有一定的契合性为比例原则可以作用于民法领域提供了空间；而宪法权利对于公权力的限制以及刚性规定的特点对于日益不平等的民法主体之间的权利来说可以起到良好的弥补作用。

3. 民法基本原则的功能具体化

诚实信用原则与比例原则实际上阐述的内容在价值取向方面具有统一性，也就是私法自治可以得到应用，但是必须要避免对实质正义产生抵触。这种说法在目的与价值意义上肯定了诚实信用原则与比例原则内在含义上的统一性。换言之，诚实信用原则是民法相关制度不完善时为了实现实质正义所采用的原则，而比例原则虽说是为了限制公权力滥用设立的，但本质思想是避免权力过度，依旧是对实质正义的一种追求。只是由于目的是限制公权力，所以会出现一套较为规范、严格、具体的程序。比例原则与民法基本原则均追求实质正义，这是为比例原则可以适用于民事判决提供了价值意义上的可行性，但是其在实践意义上对于民法基本原则的完善却有着必要的意义。

民事领域虽然有许多基本原则，但每一项基本原则都没有明确的规定，无论是启动条件、审查流程还是违反的后果。民法原则自身的指导作用和启蒙作用，这些功能性的作用其实都是抽象的，不具体的，而法院在裁判时，需要的是具体的、可执行的。所以在司法实践中如果需要发挥基本原则的作用，就需要发挥法官的自由裁量权，但是这往往与法官自身的素质以及法官与法律之间的关系相连。基于民法基本原则的不确定性，比例原则本身的可操作性和可预期性就为其提供了操作方法，一定程度上也可以减少法官自由裁量带来的不确定性。比例原则的适用也需要法官行使一定的自由裁量权，不同的是，比例原则包含的三个子原则是层层递进的，每一步都要进行相对应的审查，要有助于实现相关的目的，选择最小侵害的方式，在方法与目的之间进行法益权衡。比例原则是实现民法基本原则的途径，因为民法基本原则与比例原则在本质上具有价值的统一性，民法基本原则没有具体的适用途径而比例原则又提供了"三步走"的方法。

（三）民事判决适用比例原则的有限性

比例原则可以适用于民事领域，但必须是在存在强弱力量对比悬殊或公共利益相关性等情况下，不是任何条件都可以适用，所以有一定的局限性。比例原则有适用于民法的必要性，同时也认为这种适用是一种无限的、全面的适用。比例原则作为目的理性的集中体现，作为成本收益分析的另一种表达，在私法中也应具有普适性、比例原则被视为是对社会行为的目的以及理性实施整体概括，作为一种针对利益进行衡量的基础办法，就其作用领域来看，并不仅是宪法以及行政法领域。即便是在私法中，其仍旧可以得到全面应用。就其支持该原则应全面适用于民事领域的观点进行总结，则可以大概分为三点：①比例原则是目的理性全面而凝练的概括；②比例原则是成本收益分析的表达；③比例原则可作为沟通事实判断与价值判断之间鸿沟的"桥梁"。

1. 目的理性的差异化

比例原则对于法律行为目的的审查并不等同于社会学意义的目的理性行为。比例原则是对社会行为的目的以及理性实施整体概括。目的理性的行为应是理性化程度最高的行为类型。目的理性是以成功为导向的任何理性行动者都必然要遵循的行为方式和思考方法。而比例原则首先需要明确目的，并就相关行为的实施能否促使相关目的得以实现进行明确，故而，比例原则实际则为目的理性的精炼概括。虽然看上去目的理性行为是通过目的、手段和后果的权衡得出理性的结果，与比例原则第一子原则对于目的和手段的权衡很类似，但是单凭这一相类似之处就推出比例原则就是目的理性地概括实为牵强。

社会行为领域目的与法律目的本就不是同一概念，故而并不能代表社会行为理性化的理论就可以推导出比例原则的运用。不管是权力，还是原则，只要是界限未能实施完全意义上的确定时，不管其是否是开放性的，或流动性的，均会形成不必要的冲突，置于其效力范围，也是难以进行明确的。就此来看，在司法裁决过程中，就实际情况予以考虑，并明确相关法益的重要性，从而实现对法益的衡量。事实上，法益的重要性很难在立法过程中得到体现，即便是有所体现，也是模棱两可的，为此，想要做出有效的衡量是具有较大难度的。由于立法者理性的限制，并且立法工作本身就具有滞后性，而社会关系的变化也是瞬时的，为此，很难基于哲学或社会学方法来就应得到法律保护的权益实施有效的权威性的位序安排。

2. 比例原则不完全适用于成本效益分析

成本效益分析与比例原则的内涵并不相同，而且比例原则不等于狭义比例原则，不可以割裂适用。比例原则是成本效益分析的另一种表达。成本收益分析这一量入为出的经济学概念集中体现了比例原则中的狭义比例原则。成本收益分析的概念是可以运用在很多领域，包括经济和法学也包括民事领域，而狭义比例原则中对于手段与结果之间的利益权衡恰巧符合成本收益分析中的手段—目的理性，所以比例原则理所当然运用于民法范畴。比例原则是一个整体的概念，包括确定目的，适当性、必要性和狭义比例原则，所以说比例原则除了具有本质意义还有实践的意义。它不仅是一项原则，也是一个程序，不可能因为一个子原则符合了民法的基本原则或精神就推定比例原则可以全部无条件适用于整个民法领域。而且，作者对于成本效益分析在公法与私法领域不做区分的做法本就违反成本效益分析理论的核心。成本效益分析核心在于权衡目的和手段，公法领域的权利义务和私法领域的权利义务比重本就不同，非平等主体之间与平等主体之间的得失权衡必然难以分庭抗礼。

3. 价值判断与事实判断不是全面适用的基础

比例原则可以将价值判断转换为事实判断并不代表其可以无条件运用于民事判决中。比例原则的分析框架能够促使应然与突然间的鸿沟得到有效的缓和，促使价值判断与实施判断之间的关联性得到增强，从而发挥出桥梁作用。比例原则的确是通过层层递进的程序，将一定的价值判断通过是否合目的到选择最小侵害的手段以至于最后目的手段的权衡，转换为更易理解和操作的事实判断问题。但是比例原则可以在多大程度上运用于民法领域，是否可以全部适用,仅仅因为比例原则可以将价值判断转换为事实判断就认定可以全部适用显然说不通,毕竟这只是比例原则自身的特点与作用。

(四)民事判决适用比例原则的改进措施

1. 具备比例原则在民事判决中的适用条件

(1)具有公共利益相关性的民事案件。公共利益相关性是体现比例原则最核心价值的本质,比例原则创设的初衷即防止行政权力滥用损害私主体权利,后来逐渐衍伸出保障法益的均衡的含义。因为民法调整的是私主体之间的关系,但仅考虑私人之间法律关系极易损害其他共用利益,同时又不能违背私法自治,所以当案件涉及公共利益相关性的时候,适用比例原则既可以防止对其他公共利益的损害,又作为程序性的工具对民法体系起到辅助作用。

(2)私主体之间权力强弱对比相差悬殊的案件。这类案件占比例原则在民事判决中适用的绝大多数,有业主委员会与业主之间、公司与政府之间、企业与劳动者之间、物业公司与小区业主之间、企业与个人之间。与基本权利相反,民事权利的相对人是其他私权主体,各平等私人间的权利不可能像基本权利一样具有刚性,所以一旦出现双方实力相差悬殊的情况,仍然无法改变平等主体之间平等的地位,这本身就是不平等的。当这种情况出现的时候可以适用比例原则进行审查,如果审查之后发现没有出现强势一方损害弱势一方的权利的情况,或者这种损害属于合理的利益范围之内,则可以直接认定行为合法,或者直接进行下一步的其他法律问题的审查。

(3)衡量正当防卫与紧急避险的"必要限度"。《中华人民共和国民法典》(简称《民法典》)第181条规定,因正当防卫造成损害的,不承担民事责任。正当防卫超过必要的限度,造成不应有的损害的,正当防卫人应当承担适当的民事责任。《民法典》第182条规定,因紧急避险造成损害的,由引起险情发生的人承担民事责任。危险由自然原因引起的,紧急避险人不承担民事责任,可以给予适当补偿。紧急避险采取措施不当或者超过必要的限度,造成不应有的损害的,紧急避险人应当承担适当的民事责任。紧急避难较诸正当防御更涉及不同的利益的取舍及其牺牲,除必要性比例原则外,尚有所谓"法益权衡原则"的适用,即须以避免危险必要,并未逾越危险所能致之损害程度,否则仍应负赔偿责任。

当民事案件中出现正当防卫和紧急避险情况的时候,需要适用比例原则对"必要的限度"进行审查。实施的措施和所要达到的正当防卫或紧急避险的目的是否吻合,这是适当性审查;采取的措施是否是众多措施当中损害最小的措施,这是必要性审查;最后对于采取措施受到的保护与损害之间进行法益衡量,这是狭义比例原则。经过"三步走"严格的审查,才能准确地判断出是否是没有逾越必要的限度。所以,当出现正当防卫和紧急避险时,法律赋予一方主体特殊权力的,就需要适用比例原则对"必要的限度"进行判断。

2. 发挥比例原则本质上的作用

比例原则在作用上不等同于民法基本原则,在内涵上不能仅以狭义比例原则涵盖,那么要将比例原则本质内涵发挥在民事判决中,就需要在司法实践中注意以下方面:

(1) 必须在程序上有明显体现。将"三步走"流程作为一个刚性规定,在程序上是必要的。比例原则审查的三个层次要逐一阐述,不能直接表述为"符合最小侵害原则""符合狭义比例原则"或者直接表述为"符合比例原则"。由于三个原则是层层递进的关系,所以审查时既要表明每一个子原则考察的细节及结果,还要表明上下子原则之间存在的关联。

(2) 发挥程序性规范的作用。比例原则的作用在于佐证或者作为诚实信用原则的工具。既然作为工具,就不能将比例原则与民法基本原则并列,而是可以在引用民法基本原则的,且符合比例原则在民事裁判中适用条件的案件中,直接在基本原则项下运用比例原则细化分析,发挥程序性规范作用。

(3) 根据民法特点适当调整审查程度。比例原则毕竟是来源于公法的原则,无论是调整国家与公民之间的关系还是调整行政权行使与行政相对人之间的关系,目的都是防止公权力的行使损害当事人的利益,所以手段略显严苛。虽然民法中亦存在公共利益相关性和权力强弱实力悬殊的情况,但不应该破坏民法中的私法自治,所以民事判决适用比例原则的时候,应该根据个案进行适当的调整。

3. 明确比例原则的功能定位

比例原则终究是一个宪法原则，要使用在民事判决领域既需要发挥其必要性也要尽量对民法理论体系的影响最小，这就需要明确比例原则的功能定位。

比例原则固然有适用于民事判决领域的必要性，但是即便如此，也需要适用在发挥比例原则最大的作用同时又不打破民法理论体系。这就需要将比例原则作为程序化规范手段，发挥其工具的作用，不仅可以为比例原则在民事裁判中适用的条件以及具体化路径提供理论基础，也解决了比例原则适用于民事领域的路径问题。不用再讨论比例原则与民法基本原则的异同，特别是与诚实信用原则和禁止权力滥用原则的关系，直接将比例原则作为程序化的工具，即将诚实信用原则和禁止权力滥用原则具体化的工具，当适用民法基本原则时，通过比例原则三个子原则层层地审查，使得模糊的原则转换成具体可操作的方法。

4. 建立适用比例原则的案例指导制度

比例原则对民事判决在方法层面的影响主要体现在作为法官解释法规与裁判案件的方法。为确保私法裁判的确定性，可以通过归纳以及具体化从而创建起能够为比例原则所适用的体系，并立足于案件类型前提之下，从而就指导性案例的约束力进行明确。

由于比例原则法在应用过程中所针对的是个案，并且其在司法实践活动中进行应用时，往往会表现出粗糙感，为确保该原则优势能够得到有效突显，则必须要促使当事人可预期性可以得到有效强化。在此情况下，可以创建起与之相适应的案例指导制度，确保其在应用过程中能够得到有效指导。尽管在国内还未形成完全意义上的判例制度，但是在司法实践活动中，可以加强对上、同级法院在此方面的判例的参考。立足于保障法律的价值，诸如一致性以及稳定性，就适用比例原则案例进行归纳，创建类型谱，促使法官在案件审判时援引法律原则过程中能够得到规范指引。

二、民事审判中公平责任的适用

（一）公平责任原则的概念

公平原则是一项民法的基本原则，处理民事案件与评判民事行为都必须以公平作为出发点与落脚点。通常情况下，民事赔偿是以是行为人是否存在过错为依据进行评判的，但是在某些特定的情形下行为人不存在过错，但是仍要对损害结果承担责任，与受害人共同分担损失，这种责任划分原则就是公平责任原则。在现代民法框架下，侵权责任法的基本功能在于平衡当事人之间的利益，即表现为行为人行动自由与受害人权利救济之间的平衡。在此种平衡下，形成了公平责任原则，填补法定归责原则的空缺，形成了一套完整的侵权责任归责体系。处于此种归责体系下，如果对公平责任原则进行不恰当的适用，那么就会影响侵权责任法对行为人与受害人之间平衡的调整。因此合理限制公平责任的适用，对公平责任原则进行有效规范，从而使公平责任更加公平则成为现今侵权责任法归责体系中的重要问题。

公平责任原则，是我国侵权责任法体系下的一种归责原则。是指基于当事人的行为而产生了某种实际的损害结果，行为人与受害人对于损害结果的发生均不存在故意和过失。如果由受害人单独承担损害结果有失公平，因此授予法官根据实际情况判令双方当事人公平分担损害结果的权利的一种法律适用原则。

公平责任从实质上讲，是对于损害结果发生的一种补偿。在正统的民法理论中，补偿与赔偿并无实质区别，补偿或分担损失之义务也属于侵权损害赔偿责任。司法实践中需要利用公平责任原则填补我国民法范围内的归责体系。民法基本原则既有普适性，也有体系性——各基本原则以相互协作或相互限制的方式构成一个民法内部体系。正是这诸多归责原则相互协作、制约才构成我国民法体系下侵权责任民事责任划分体系。

（二）公平责任原则及相关原则

公平责任是一种独立的归责原则，其法律地位与过错推定责任原则、无过错责任原则、过错责任原则一样，共同承担在侵权责任法领域内责任划分的作用。多种归责原则共同构成我国侵权责任法调整法律关系的归责体系。

从我国的立法角度上讲，过错责任原则是最基本的归责原则，即过错责任原则适用于普遍的侵权损害纠纷；无过错责任原则适用于特殊条款，在特殊的情况下，由法律明确规定，适用无过错责任原则；在行为人不能确定自己对造成损害结果的行为是否存在过错时，适用过错推定原则推定行为人具有过错从而担责；公平责任原则是当事人双方对损害结果的发生均不存在过错时的一种责任划分，不是兜底性条款，而是一种得以普遍适用的独立的归责原则。

从现实角度来讲，公平责任作为一种独立的归责原则意义重大。在传统意义上讲，行为人做出产生损害结果的行为时存在主观过错，那就应该适用过错责任原则；主观上不存在过错，但是法律另有规定，应当承担责任时，即承担无过错责任；在造成损害结果时无法证明自己对损害结果的发生没有过错的，需要按照过错推定原则承担相应的法定侵权损害赔偿责任；在当事人双方均无过错的情况下，损害结果确有发生，此时的损害结果依照公平责任原则由当事人双方共同承担就显得极具现实意义。在当事人之间合理地分担损失，更有利于社会公平价值目标的实现。

1. 公平责任原则与过错推定原则

（1）过错推定原则。在民事活动中，受害人因行为人的行为而遭受损失，此时行为人不能证明自己的行为没有过错，那么依照法律推定行为人要对受害人的损害结果承担责任，即是过错推定责任。

过错推定原则从本质上讲仍然保持了传统的过错责任原则所具有价值和职能。这种原则是以制裁、教育、预防来确定行为标准的。作为一项归责原则，过错推定与传统的过错责任是有区别的。即过错推定原则是由过错责任原则衍生出的一项独立的归责原则。

（2）过错推定原则类型。

第一，根据行为人是否具有法定的免责事由所作出的过错推定，即在不存在法定的免责事由的情况下的过错推定。

第二，根据受害人对行为人所产生的过进行错举证从而作出的过错推定，即在受害人进行举证的情况下的过错推定。

第三，根据行为人不能自证无过错的情况下作出的过错推定，即行为人举证不能情况下的过错推定。

(3) 公平责任原则与过错推定原则区别。公平责任原则与过错推定原则在归责划分时都需要有明确存在的行为人行为和实际损害结果的存在。行为人的行为是行为人承担责任的起因，损害结果的存在是受害人通过《民法典》寻求救济的根源。所以没有行为人的行为和受害人承受的损害结果，就无需通过《民法典》来寻求责任划分了。

过错推定原则责任是在不能确定行为人是否存在过错的前提下，行为人如不能证明自己不存在过错，根据实际情况进行推定，根据已经存在的事实假定行为人存在过错。这种法律意义上的推定，实际上是根据现有情况得出的一种推论，是根据事实经验与逻辑思维进行推理从而推导出的结论。即在不确定行为人是否存在过错的情况下，根据实际情况推定行为人的行为存在过错，从而导致损害结果的发生。所以行为人应当对受害人承担侵权损害赔偿责任。

公平责任原则是行为人本身的行为不存在过错，或者行为人有证据证明自己行为不具有过错时，因受害人权利受损，独自承担严重的损害结果显失公平，所以无过错行为人仍要为损害结果分担损失的一种归责原则。

2. 公平责任原则与过错责任原则

(1) 过错责任原则。过错责任是指行为人实施了足以导致损害结果发生的危险行为，行为人对此行为的产生存在着故意或过失，违反了民事义务，并因此致使他人遭受损害，此时行为人应为其过错行为承担法定责任范围内的民事责任。过错责任以行为人存在过错为首要前提，且行为人仅在自己行为过错范围内对损害结果承担责任。

(2) 过错责任原则构成要件。对于一个行为是否需要适用过错责任进行归责包括以下要件：

第一，客观上存在损害结果。受害人的权利因行为人某种特定行为而受损，在权利受到侵害时，所产生的不利影响。权利受到侵害是受害人请求法律救济的必要前提。这种损害结果是指受害人实际遭受的损失。

第二，行为人的行为具有违法性。行为人的行为侵犯他人权利，违反法律禁止性规定，或违反命令性规定。在法律体系中，行为人需要对自己的过错行为承担法律责任。

第三，违法行为与损害结果之间存在因果关系。即客观上的损害结果确实由行为人的违法行为所导致，二者先后发生存在必然的联系。

第四，行为人存在过错。行为人过错属于民事侵权责任中的主观要件，包括故意和过失，无论故意或过失，行为人均应为自己的过错承担相应的民事责任。所承担的责任也不因主观故意或过失而变更大小。

（3）公平责任原则与过错责任原则的联系与区别。公平责任原则与过错责任原则的适用都需要有先前行为和损害结果两个构成要件，且二者之间均需有必然的因果关系。即行为人的先前行为导致受害人的损害结果发生。没有行为人的先前行为受害人所遭受的权利侵害，所承担的损害结果就不会发生。

而过错责任在行为人的主观上需要存在故意或过失，即存在过错。侵权法上的责任"损害填补"只能是一种基于过错的损害赔偿义务，加害人只有在过错的情形才能导致行为失去自由。对于受害人来说则是一个人在物质和利益方面所欠缺的东西，将在行为自由方面得到补偿。通俗地讲，行为人具有过错是承担过错责任的前提，需要对受害人进行侵权损害赔偿；从责任成立角度来看，公平责任的产生是法律对行为性质的肯定性评价和行为结果的否定性评价的综合结果。即行为本身不存在过错，但是该行为所引发的结果导致了实际损害，使受害人的民事权利因遭到侵害而受损。但这种受损仅因先前行为所导致，却并非出自行为人的主观过错。在审判实务过程中，意外事件的不可预见性使得损害结果的产生不因行为人意志而发生，行为人本身没有过错。在适用过错责任时，常用意外事件作为行为人的免责事由。但在某些特定的情况下，意外事件导致受害人权利受损，应当适用公平责任原则去分担损失。

总之，公平责任原则与过错责任原则之间的区别在于行为人的行为是否存在主观故意,是否对损害结果的产生是否存在过错。存在过错时,即适用过错责任原则,使行为人承担自己过错行为相应的法律责任。

行为人在公平责任原则适用的情形之下所担负的"补偿责任"仍然是法律责任而非道德责任。公平责任原则作为实际依据来判定行为人是否应因自己的行为而承担责任。

3. 公平责任原则与共同危险责任

(1) 共同危险责任。共同危险行为是指两个或两个以上行为人共同实施行为,并基于该行为造成了实际的损害结果,但是究竟是由哪一个或哪几个行为人的行为引发了实际的损害结果。

(2) 公平责任原则与共同危险责任的联系与区别。公平责任原则与共同危险责任均是为保障权利受损人合法权益而产生的。保护无辜的受害人在其权利受损的情况下,可因以上两种情形得到合理的损失分担。公平责任并无实际侵权行为的发生;而共同危险责任是在侵权行为实际发生后对行为人责任承担的一种规制。公平责任原则的适用前提是指行为人与受害人对损害结果的发生均无过错;相较而言,共同危险责任的适用是因行为人共同行为导致损害结果发生,但不能确定究竟是因为哪一行为人的过错行为导致。公平责任原则是当事人之间形成共同分担损失的关系;共同危险责任是在共同行为人之间分担侵权责任。

第一,公平责任原则与共同危险责任产生目的相同。均为保护权利受损人合法权益而产生。在民事侵权案件中,权利受损人处于天然的弱势地位,即其合法权益已经受到侵害,损害结果已经发生。如果没有权利保障机制那么受害人只能独自承担损害结果。而侵权责任法也就是对损害结果的发生寻找救济途径,是用以法律途径弥补受害人损失的一种方式。公平责任原则与共同危险责任均是为保障受害人合法权益得到有效救济而产生的归责途径,用以解决损害实际发生后,行为双方均无过错,或侵权行为人不明的情况。通过这两种归责方式完善侵权责任法责任划分机制。

第二,公平责任原则与共同危险责任在是否存在侵权事实上存在不同。在我国民法体系中,侵权行为是指行为人违反民事义务,实施某种行为导致他人合法权益受到侵害，依法应当承担相应的民事责任的行为。公平责任原则所述事件中，行为人的行为本身并没有违反民事义务，造成受害人权利受损的原因并不是行为人的过错。因此在公平责任原则所述事件中并无实际的侵权行为，是法律规定在没有侵权事实的情况下双方当事人对损害结果共同分担的一种要求。

第三，公平责任原则与共同危险责任划分方式不同。司法实践中，公平责任原则在责任划分上，是双方当事人对损害结果均无过错，在情理上讲行为人与受害人对损害结果的发生均没有责任。但是损害结果实际发生，且受害人的民事权利却因某些行为而受损。

在此时为保护权利受损人的合法权益，运用公平责任原则，为行为人附加一个公平责任，与受害人共同承担实际损害。相较于公平责任原则的双方均无过错，共同危险责任则是确有因行为人过错而引起的侵权行为发生。只是由于多个行为人行为混同，很难区分究竟是哪一个或哪几个行为人的行为最终导致损害结果的发生，由任一或任几行为人独自承担侵权损害赔偿责任明显不公，则由全体危险行为人或可能已经实施危险行为的人共同承担侵权损害赔偿责任。

总之，公平责任原则是指双方实际上均无责任但是依照实际情况赋予双方法律拟制的责任，使双方当事人共同分担损失；而共同危险行为是指，明确共同行为人确实对损害结果的发生负有责任，由法律推定所有可能造成损害结果的行为人对损害结果的发生均承担连带责任。

第四，公平责任原则与共同危险责任承担主体不同。在公平责任原则下，责任承担主体包括行为人与受害人。不仅是行为人对损害结果应当承担责任，受害人也应对损害结果的发生分担一部分责任。相对而言共同危险责任的责任承担主体则需要更细致的责任划分。应当视共同危险行为人为一个主体，与受害人共同划分责任，如果受害人对损害结果的发生存在过错，则按过错比例划分出受害人所应承担的责任，剩余部分由共同危险行为人分摊；如果受害人对损害结果的发生没有过错，则由共同危险行为人平均分配全部侵权责任。

综上所述，公平责任原则的产生，并不是对过错责任原则和无过错责任原则的辅助性条款，也非处于兜底性条款的地位，同时也不同于过错推定原则与共同危险行为。公平责任原则是一种独立的归责原则，在行为人与受害人双方均无过错时得以适用，用以分担损失。

4. 公平责任原则与无过错责任原则

（1）无过错责任原则。无过错责任原则的意义是指在相应法律的规定下，行为人承担责任不以其行为是否存在主观过错为前提，都要为损害结果承担民事责任的一种归责原则。即根据法律规定，无论行为人是否具有主观过错，均应对损害结果的发生承担民事责任。

规定无过错责任原则为一项具体的归责原则的目的在于，无过错责任原则能够更便于受害人的合法权益得到及时的救济。在大多数情况下，受害人处于弱势地位，在权利遭受侵害的情况下很难实现损害赔偿请求权，但是无过错责任原则给予许多特殊的侵权行为中的受害人更妥善的保护，赋予行为人更严格的责任负担，只要客观上造成损害结果，不论主观上是否存在过错均应该承担责任。

（2）无过错责任原则要件。无过错责任原则的责任构成只需具备：①致使损害发生的行为；②产生了实际损害结果；③行为人的行为与损害结果之间存在明确的因果关系，对于无过错责任原则的适用需有法律明确规定。在无过错责任原则的归责原则下，行为人被放置在不利的地位上，因为此原则仅依照损害结果来确定行为人所应承担的责任，而不论行为人是否存在过错。在法律规定的范围内，受害人只需要论证自己所遭受的损害结果与行为人的行为之间存在因果关系，即应当判令行为人承担民事责任。在无过错责任原则中，无论行为人是否存在过错均应承担侵权赔偿责任。但是受害人对自己遭受损害存在过错的，即受害人自身的故意或者过失导致自己遭受损失扩大的，可减轻行为人的侵权责任。

（3）公平责任原则与无过错责任原则的联系与区别。公平责任与无过错责任，二者而言存在行为人的主观上均不存在过错。虽然二者的行为均与损害结果存在直接的因果关系，但是均不以行为人存在主观过错为前提，即行为人对损害结果的发生不存在故意或过失。但是由行为人的行为引起最终的损害结果，导致受害人权利受损，故行为人都需承担一定范围内的侵权责任。只在无过错责任原则情况下，只要是法律规定描述的情况，无论行为人有无过错，均要承担侵权损害赔偿责任，即使是无过错仍要承担相应责任。

无过错责任原则，在规制行为人承担侵权责任的情况，均需有法律特别规定为前提，即法律穷尽式列举了行为人需要承担无过错责任的情形。在审判实务中，对不可抗力的案件处理，经常将无过错责任原则与公平责任原则进行混淆。法律明确规定的免责事由中包括不可抗力这一点，因此不可抗力也当然成为无过错责任的免责事由，当然在法律另有规定的情况下除外。不可抗力在行为人穷尽高度注意义务仍然无法预见，具有极高的不可预见性，而且即使预见到了也无法避免损害结果的发生。

适用公平责任原则的前提是双方当事人均无过错，在当事人无过错却仍要承担侵权责任的角度来看，公平责任原则与无过错责任原则十分相似，但是二者却在本质上存在不同。无过错责任的目的在于保护受害者权利，在受害者权利受损的情况下，使得一些从事特殊活动行业的行为人承担特殊损害责任；而公平责任原则是为弥补过错责任原则的不足，根据朴素公平主义由当事人分担损害结果。公平责任不是对其他归责原则的否定，而是一种对归责原则的补充。

（三）公平责任原则的适用

1. 公平责任原则的适用条件

（1）确有危险行为发生。存在可能导致损害结果的危险行为，是出现权利受损情况的根源所在。这种危险行为是具有危险的性质，但不代表实行此行为的人存在主观过错。这种危险行为在通常情况下并不会引发损害结果，但是在公平责任原则规制的情形下，偏偏与其他因素相结合，产生了实质危险。

（2）产生严重的损害结果。损害结果的发生是救济产生的根源，没有损害结果也就没有救济的目的，无救济的目的也就无需讨论责任划分与损害结果的承担。一般的损害结果，由受害人独自承担，并未达到显失公平的程度，并不必然适用公平责任，不必然需要当事人共同分担损失。

（3）先前危险行为与最终损害结果之间存在必然的因果关系。因果关系是接连危险行为与损害结果的桥梁，受到的损害与该危险行为的行为人施加的危险二者之间必须因果联系。若无因果关系，而要求行为人承担责任则毫无法律正当性可言。这种因果关系是指，行为人的危险行为与受害人实际遭受的损害之间的关系，损害结果是由行为人的危险行为所直接导致的。

（4）行为人与受害人对于危险行为的发生及损害结果的产生均无过错。公平责任原则的适用重点即在于均无过错。当事人均不期望也不放任损害结果的产生，同时也对损害结果的产生不存在过失是适用公平责任的主要条件。如任意一方存在过错，即可适用过错责任原则划分责任。

（5）不属于法律规定的无过错责任。当事人双方对于损害结果的产生无过错的同时，还需要满足该行为不属于法律明确规定的无过错责任。如果当事人一方承担特定的法律责任，在无过错的情况下，仍要承担法律责任的，需按无过错责任进行责任划分，而不适用公平责任原则。

（6）受害人独自承担损害结果明显失去公平。如果不适用公平责任原则，由受害人独自承担损害结果会明显失去公平。公平责任原则正是遵循公平原则而产生的，是以实现社会公平为目的的。因此公平责任原则是一种由法官根据实际情况，公允地确定当事人权利义务的一种归责原则。在损害结果发生后，仍需受害人独自承担巨大损失，明显违背了公平原则，虽然行为人对损害结果的发生不存在过错，但是需对同样无过错的受害人实施一种公平意义上的补偿，需要由导致损害结果发生的行为人分担损失，以求公平。

2. 公平责任原则的适用情形

公平责任原则在近年内广泛地适用于司法实践当中，在利用公平责任原则解决审判实务的同时也产生了诸多关于社会公平正义与司法审判尊严的交叉，将公平责任原则逐步融入法律，实现其法律意义需要在司法实践中实现其正确适用。

（1）监护人无过错时被监护人对他人造成的损害。当无行为能力人或限制行为能力人实施的行为造成受害人权利受损的，由监护人代为承担责任。

监护人代为承担责任，适用两种归责原则：①对于监护人来讲适用过错推定责任原则；②对于被监护人，即无民事行为能力人和限制民事行为能力人采用公平责任原则。在一般情况下，无民事行为能力人与限制民事行为能力人侵权的，监护人通过过错推定原则进行担责；如监护人已尽监护义务、监护责任的，即监护人无过错的情况下，是可以减轻其民事责任。无民事行为能力人对自己行为所产生的结果无法预知，限制民事行为能力人在从事不适应自身精神健康状况的活动时所产生的结果无法辨认。此时行为人对自身所做的行为无过错，但是此时仍应由其监护人代为承担责任，则适用了公平责任原则。

（2）完全民事行为能力人在自己不受控的情况下造成损害。在行为人无意识情况下做出的行为造成损害结果，行为人是不存在过错的，但是损害结果最终的产生，其原因就是行为人的行为。此时可以由行为人为自己无过错行为买单，与受害人共同承担损害结果。

（3）为维护国家、集体或者他人的合法权益而使自己受到损害。因见义勇为而导致自身权利受损时，应当由侵害人承担见义勇为者的损害。但是如果侵权人不存在，或者难以寻找到实际侵权人，甚至侵权人赔偿见义勇为者所受损失的情况下，由见义勇为者独自承担自身的损害结果明显不公。不仅令见义勇为者的权利白白受损，更会引发不好的社会风向，使得行为人担心自身权利受损无人分担从而不实施见义勇为行为。

3. 公平责任原则的适用措施

（1）明确公平责任原则适用范围。防止公平责任的不合理滥用首要任务是明确公平责任的适用范围。适用范围要严格实施，对于超出范围的情况，不得适用公平责任原则。对于损害结果严重程度的限制是规范公平责任原则适用的重要要求。对于受害者的一切法律救济均源于损害结果的发生。在行为人与受害人均无过错的情况下，产生了一定的损害结果时，是可以适用公平责任原则进行归责。要根据实际情况确定是否应适用该原则。如果行为人行为仅造成一般的损害结果，此时由受害人独自承担损失，并未达到显失公平的程度，并不必然适用公平责任，不必然需要当事人共同分担损失。如果因行为人行为造成了严重的损害结果,则不应由受害人独自承担损失,应当适用公平责任原则,使行为人与受害人共同分担损失。

在公平责任原则规制下,损害结果的范围应当仅限于经济损失,精神损害不属于公平责任原则所应调整的损失内容。这种损失也应为实际发生的直接损失,间接损失与可得利益均不应在公平责任损失赔偿范围之内。精神损害是一种法律拟制的损害。同样间接损失与可得利益也未实际发生,属于一种推测损失。对于没有实际发生的损失,无过错的行为人不应予以分担。因此,精神损害抚慰金、残疾赔偿金、死亡赔偿金均不属于公平责任规制下的损失赔偿范围,不得判令行为人与受害人共同承担。

(2) 行为人与受害人偿还能力与承受损害能力的衡量。使公平责任被民众接受最主要的就是进行对行为人与受害人承受损害的能力进行衡量。公平责任中的损失分担,是行为人与受害人之间的责任分配,是行为人的一种额外的负担,也是对受害人的一种补偿。在法官确定行为人与受害人之间的损失分担比例时,应当对客观因素进行充分考量。考虑的行为人与受害人偿还能力的与承受损害能力的大小。

公平责任原则的建立也体现了侵权责任法的基本目的。不过在公平责任原则下,行为人不存在过错,即不存在加害行为,但是受害人仍然存在,受害人的损失也确实存在。在侵权责任法体系下,权利受损人天然地处于弱势地位,在权利受损后寻求救济是侵权责任法的必然要求。在行为人与受害人对损害结果发生都不存在过错的情况下,由受害人独自承担损害结果显失公平。

受害人因权利受损固然应当受到保护,但是行为人的行为没有过错,也同样无辜。对受害人承受的损失进行分担是对受害人的一种保护,但同时也相应的增加了行为人的负担,损害行为人的基本权益。行为人在不存在过错的情况下承担责任,与受害人共同分担损失尚不易被接受,如果过分照顾受害人判令行为人分担更多的损失,同样使公平责任原则失去其存在的意义,会使该责任失去公平。公平责任所要解决的问题是如何弥补受害人损失,对受害人进行法定意义上的救济,而对行为人的惩罚并不是公平责任原则所主张与支持的。因此，对受害人进行合理保护，不以令行为人过分承担损害份额为前提，需要法官根据实际情况正确分配当事人双方对损失承担的比例。

（3）损害发生原因力与谁相关。在公平责任原则适用中要引入一个新的概念，即损害发生原因力。原因力是指在一个损害结果发生的情况下，导致此损害结果产生的诸多原因中，每一种原因对损害结果的发生或扩大所发挥作用的大小。每一个损害结果的发生均离不开行为人与受害人的共同行为，在适用公平责任原则时，需要充分考虑引发损害结果的各个原因，对比行为与损害结果之间原因力的大小，用以确定损害结果与哪一个当事人的行为联系更为紧密，并以此作为确定损失分担比例的依据。

（4）存在受益人的案件应考虑其受益程度。部分公平责任案件中有受益人的存在。受益人对于受害人的损害结果并不存在主观过错，甚至可能受益人并没有实施任何行为，但是受益人从受害人的行为中获得了一定的利益，且其获得的利益与受害人的损害结果的产生存在直接联系，即受害人是因维护受益人利益而遭受损失。在当事人之间对损害结果的发生均无过错的前提下，一方权利受损，另一方因此而获得利益。那么合理的分配损失，由受益人分担主要的损失更能体现司法正义。再如果双方均未从中获益或获益程度相当，那么双方应当平均分担损失。

（5）公平责任原则适用应置后于其他救济途径。公平责任原则的适用是一种对受害者的救济途径。但是这种救济增加了无过错行为人责任，损害了无过错行为人的权利。其目的是由行为人与受害人共同分担损失，从而将当事人所受损失最小化。适用公平责任原则作为一种救济途径，也仅是救济途径之一。当行为人与受害人对损害结果的发生均不存在过错的情况下，不必然以适用公平责任原则实现对受害人权利的救济。

建立健全社会保障制度，完善社会保障体系，使政府担负起一部分保障责任均可以对受害人的损失进行有效救济。许多商业险也可以作为公平责任原则的前置救济途径。同时建立国家衡平补偿体系，国家以国家补偿义务机关为代表机构，依法对公民正当权益的损失予以弥补，其中最重要的是发挥其衡平功能，从而实现社会公平。只有在穷尽了其他救济途径，仍无法使受害人权利得到救济的,再适用公平责任原则,由无过错行为人分担损失才能真正体现公平责任原则中的公平。

三、民事审判中绿色原则的适用

(一) 绿色原则的理论概述

1. 绿色原则的概念与特点

(1) 绿色原则的基本概念。绿色原则源于绿色理念,是绿色理念的制度化体现。在国家出台的一系列政策中,均包含了人与自然和谐相处、促进生态文明等主题,客观反映了现代社会的现实需求。由此可见,节约资源、保护环境是我国未来愈加重视的发展方向。

"绿色原则主要含义为节约自然资源、保护环境、保护生态,对于在民事活动中发生的与之有关的行为可以通过三种方式适用:①绿色原则直接规定在相应法律规范中,则适用于特定规范所调整的对象;②绿色原则体现在一般条款中,则需要通过法律解释方式,在绿色原则关注领域内适用;③当没有相关规范时,需要通过绿色原则创设适用特定案件的具体规范。"[①] 在民事法律体系中规定绿色原则与在环境保护法中规定保护生态环境的相关法条不同,民法又称私法,主要调节平等主体之间的利益关系,而环境保护法本质上是从公共利益出发,追求实质正义,虽然二者在节约资源、保护环境这一目的上是一致的,但二者的出发点不同。民法是通过限定私权利主体的自由边界,为其设置环境义务,从而达到保护生态环境的目的,与环境保护法规范政府、企业等诸多义务主体的出发点不同。同时,绿色原则的内涵深意不应被限定于某一个具体法律条款,应当认识到绿色原则体现在合同领域、物权领域及侵权责任领域等,应在具体的法律活动中落实绿色原则,深刻体会它的含义,丰富它的内涵。

(2) 绿色原则的特点。

第一,绿色原则的强制性。当代的环境资源问题已经相当严重,解决该

[①] 杨铁军,田东诚. 绿色原则在民事审判中的适用研究 [J]. 大庆师范学院学报,2021,41 (03):18.

问题刻不容缓，必须运用法律手段进行规范与保护，所以才对所有民事主体提出必须遵守的强制性规范，同时表明该项法律规定是对人类提出的最低道德要求。至于对绿色原则高道德水平的遵守，需要出于民事主体的自觉，具有节约资源和保护环境的高度思想意识并付诸行动，这与国民的法律素养息息相关。

第二，绿色原则的价值判断性。立法机关确立绿色原则时，已经表明了其价值取向。即在当代社会发展进程中，合理分配利用资源与切实保护环境。绿色原则是出于追求社会整体利益，基于节约资源、保护生态环境的目的而对物权、合同交易等有所限制，从调节人与自然的关系角度扩展了民事权利的内涵，规范了其边界。故各类民事主体在从事民事活动时，都应实现绿色原则所反映的保护环境的价值判断性。例如，立法机关在进行民事立法与民事立法解释时，应遵守绿色原则的相关要求，考虑资源和环境因素；司法机关在对涉及绿色原则的案件进行民事裁判时，应符合立法原意，在自由裁量范围内正确裁判。

第三，绿色原则的弹性。法律具有滞后性，法律规定不能及时地穷尽所有法律问题，需要法律基本原则对未来可能遇到的法律问题留有解释和裁判的空间。在绿色原则的法律条款中，关键的法律概念具有不确定性，给予了法官依据实际情况补充法律的空间，这正是绿色原则自己独有的适用规则。但绿色原则具有高度的抽象性，民法并未直接规定民事主体适用绿色原则的具体权利和义务。这种抽象性会产生两方面的影响：①裁判者在适用法律条文时，必须阐明该法律规范的含义，进行充分的法理论证并裁判；②会给裁判者留下自由裁量的空间，有着不确定性和弹性。因此，绿色原则的弹性最终体现为，绿色原则作为民法基本原则能灵活处理司法裁判时遇到的问题，且法官有一定的自由裁量权。绿色原则的弹性使民事裁判更具有灵活性，且使绿色原则能不断适应社会发展的需要。

2. 绿色原则的理论依据

（1）生态哲学理论。绿色原则符合马克思主义辩证自然观和可持续发展观。马克思主义辩证自然观是一种生态哲学，是人类反思人与自然之间关系的表现，反映了从人类中心主义逐渐向生态中心主义的转变。自然资源不需要依赖人类而存在，其有自己独立的价值，人类应学会和自然和解，达到二者共赢的状态。绿色原则的提出，说明人类社会已经意识到保护生态环境的重要性，从一味地追求经济迅速发展转变为生态化发展。而且，绿色原则是符合科学发展观的，其将民事主体的自由行为与生态环境保护相结合，契合了马克思主义辩证自然观，有利于生态系统的稳定。

可持续发展观符合我国生态基础薄弱的现实国情。我国人口众多，人均资源相对不足，可持续发展是中国全面发展，创造生态文明时代的重要战略。人类在当代追求发展的同时，应注意人类与其他物种之间、与子孙后代之间、与其他地区之间的公平。绿色原则对代际公平和代内公平均起着协调作用。一方面，人类需要关注利用资源和使用环境的合理限度，应注意其与后代之间使用资源的公平性；另一方面，人类时刻谨记落实绿色原则，在资源使用上形成自我约束，也是对其他人在使用资源上的实质意义上的平等。

民事主体虽然关注自己的民事权益，但均是社会整体的一员，与社会密不可分。每个人真正贯彻绿色发展理念，也恰恰是保护每个人自己的环境权益，社会整体均会受益。故绿色原则是在生态哲学的基础之上提出的，以法律手段维护社会公共利益，以法律义务规范个人行为，加强对生态环境的保护。

（2）民法体系的完整性。民法体系的完整性体现在民法内容的各个方面，其中的表现之一即是自绿色原则加入后，与民法其他基本原则相互补充、相互制衡，形成了一套较为合理的原则体系，完善了民法的价值体系。但民法其他基本原则旨在规范个人与个人之间、个人与社会之间的关系，换言之，以往的民法原则只关注了人和社会，规范人的权利义务的目标是促进和谐社会的发展，以及社会稳定下的经济迅速增长。而绿色原则将关注点转移到个人与自然的关系上，注重协调人与生态环境的相处关系，打开了民法推崇的价值体系的视野，对以往只关注人本身的民法价值理念形成了冲击，同时也具有补充作用，填补了民法基本原则对民事主体限制的空白，具有时代性、包容性，促进了民法体系的完整性。

绿色原则和民法其他基本原则在追求目标上是一致的，均在追求法的形式正义和法的实质正义，追求公益与私益的平衡，共同致力于民法体系的完整性。公平原则本质上寻求的是法的实质正义，体现在平衡双方当事人的合法利益，而绿色原则亦是在追求法的实质正义，如果因为部分人浪费资源、破坏生态环境从而影响到其他人资源使用率等，或者影响后代的生存环境，实际上对比之下也是不公平的。

公平原则和绿色原则均是平等原则的延伸，只有在司法实践中真正贯彻这两个原则，才能实现社会公众实质上的平等。诚实信用原则和禁止权利滥用原则分别从一个点的两个角度进行规范，公序良俗原则是对民事主体最低限度的道德要求标准，这三个原则分别从最高要求和最低限度保障社会公众合法合理地行使民事权利，有利于贯彻实施绿色原则，最大程度地达到立法的预期效果。

因此，民法体系中的原则之间相互联系，相互补充，相互制衡，一起为保障民事交易的秩序性、公平性努力，共同促进民法的发展。而绿色原则的加入，使民法更具有灵活性，兼容性，开放性，能及时回应现代社会的生态环境问题，并寻求突破性的、创造性的发展。

通过剖析绿色原则的此项理论依据，可以知悉，落实绿色原则，不只应努力实现其法律规定的内容，更要实现其蕴含的深层含义。其深层含义则应包含恢复已损害的生态环境，修复受害人与加害人的社会关系，促进人与自然、社会的和谐相处，实现绿色原则所包含的生机、绿色、和谐等美好期待，达到生态哲学，从而完善民法体系，促进民法体系的完整性。

（3）民法发展的生态化。探寻民法的生态化、绿色化发展方向，需首先厘清民法与环境保护法的区别与联系。环境保护法是维护社会公共利益的公法，而民法是维护私权利益的私法，绿色原则打破了传统意义上的民法，通过限制私权来维护公共利益，而在民法中引入绿色原则具有必要性。

第一，保护环境需要公法和私法共同发挥作用。虽然环境污染、生态破坏后，通过环境保护法来解决问题，修复损害的资源和环境，但更重要的是从源头制止破坏环境的行为，民法作为私法规范，能对民事主体的行为产生引导、指导和规范作用，可以促使民事主体在实现个人行为的同时节约资源、保护环境。

第二，民法的体系化应以社会实效为基础。上层建筑的作用之一便是助推经济基础的发展，在如今的生态化时代中，民法作为基本的法律规范，应遵从社会基本秩序，有解决生态问题的现实价值，如果绿色原则能取得好的社会实效，便是对民法贡献的最大肯定。

第三，绿色原则的作用是有射程的。虽然在私法中引入了绿色原则，但是绿色原则不可能解决所有环境保护的问题，其作用是有限的，局部的。故应将私法规范与公法规范结合，力图实现二者的完美衔接，恰如其分地解决环境问题。至于环境保护法和民法的关系，并不是绝对对立的，二者之间也存在联系，比如绿色原则恰好在二者之间搭起了桥梁，使二者在保护环境的目标上达成一致。

我国社会正在稳步地全面发展，民事主体对自己提出了更高的能力和素质要求，遵循绿色发展理念，维护人与自然的和谐，加快形成生态文明时代。由此可见，中国目前正在朝着生态化的方向发展，应正视生态化的发展道路，在法律规范上积极顺应时代发展需求。绿色原则便是在现代的生态价值观之上应运而生。这种生态价值观体现为生态安全价值和生态伦理观。

3. 绿色原则与相关原则的关系

（1）绿色原则与公序良俗原则。绿色原则的形成方式区别于其他民法原则，其是在民法体系外结合现实需求产生的，具有兼容性，而以往的民法原则是在民法体系内自我产生的，具有封闭性。从系统解释的角度出发，民法原则之间彼此联系，融为一体，共同维护民事法律规范。其中，平等原则具有首要地位，再依次确立其他民法原则。民法强调意思自治，但民事主体的私权不能无限制地扩大，公序良俗原则、绿色原则皆发挥着合理限制私权利的作用。"公序良俗原则在民事审判中的应用对于提高民事审判的效率和保证民事审判的合理性有着重要作用。"[①] 公序良俗原则维护社会公共利益，

[①] 陈淑敏. 公序良俗原则在民事审判中的适用探讨 [J]. 法制与社会，2018（25）：93.

在一定程度上涵盖了节约资源、保护生态环境的公共目的，但在民事审判中一般不能直接将公序良俗原则作为裁判的立法依据，须遵守其适用规则，但绿色原则破除了裁判者遇到此类困境的难题，这便使得绿色原则在实践中具有直接相对应的法律案件类型，增加了其适用的明确性。

但公序良俗原则与绿色原则存在以下区别：

第一，公序良俗原则与绿色原则的研究对象不同。公序良俗原则是从调节人的本性和人与人之间关系的角度出发，以追求和谐的社会氛围与关系。而绿色原则主要从调节人与自然关系的角度出发，寻求达到人与自然的和谐相处；

第二，公序良俗原则与绿色原则的法律适用后果不同。公序良俗是民法规定的判断法律行为是否有效力的法定事由，而违反绿色原则不是判断法律行为是否有效的事由。另外，民法强调权利、自由，很难因为维护生态环境等公共利益而牺牲私人利益，故绿色原则有确立为民法基本原则的必要，其具有实际的价值意义。

（2）绿色原则与禁止权利滥用原则。在民法体系中，私权利的正确行使除了具体法律规则予以保障之外，民法基本原则的相互作用也发挥得恰到好处。保护私权和限制私权的原则构成合理行使私权的行为准则。以此为视角，具体而言，绿色原则是通过倡导性的规范引导社会公众的价值取向，而禁止权利滥用原则是通过规定不得作为的民事活动来约束民事主体。实质上，绿色原则可以看作禁止权利滥用原则的具体类型化体现，因为节约资源、保护生态环境可以看作是不得损害公共利益的具体做法。这两项原则从正面引导向反面禁止，恰好在一定程度上限定了民事主体权利的活动范围，此亦为立法技术的巧妙之处。

（3）绿色原则与自愿原则。民法的绿色原则为自愿原则设定了边界。民法强调个人的意志自愿，以意思自治为核心，但没有绝对的自由，自由一定会受到法律规范的约束。确立绿色原则，使民事主体必须在绿色原则的界限内实现意志自由，对促进生态文明具有极大作用。自愿原则较多体现在民事合同领域，民事主体具有意思自治的权利，可以自愿选择合同相对方，决定合同条款等，但又有绿色原则的规定，这便使得民事主体在从事交易过程中，不得不考虑节约资源、保护生态环境的因素。

（二）绿色原则在民事审判适用中的价值

1. 提供裁判准据

虽然立法规定了绿色原则，但绿色原则在民事审判中的适用有待司法实践的检验。谈及绿色原则的适用，自然而然会提及民法基本原则的适用，民法基本原则通常不能直接进行法律适用，而转化为具体的法律规则即可。并且，法律原则更多用于法律解释、弥补法律漏洞等。民法基本原则可以直接作为民事裁判的依据，也可以作为法律解释、法律补充的准则。绿色原则虽然是倡导性的法律规范，但符合法律原则的适用条件时，仍然可以为民事裁判提供裁判准据，只需要进行充分的说理论证即可。

2. 理解实质正义

从近代社会向现代社会发展，民法逐渐从个人本位向社会本位发展，从侧重追求法的形式正义过渡到侧重追求法的实质正义，绿色原则正是民法追求法的实质正义的体现。绿色原则体现出对私权的合理限制，但实质上旨在调节民法所保护的私人利益与保护生态环境的公共利益二者之间的平衡。在如今的生态文明时代，民法作为引导民事主体的基本规范，必然也反映出社会发展的现实需求。

绿色原则更多的是站在发展的角度来保护社会的整体利益，其是建立在可持续发展的经济战略之上，承认资源环境的财产属性，为建立专门的环境方面的有名合同、环境资源准物权制度及生态环境侵权制度留下了创造空间。进一步而言，实践绿色原则，不仅回应了当代社会对美好环境、资源高效利用的迫切需求，适应了经济迅速发展，资源环境严重恶化的社会特征，而且有益于人与自然之间的和谐氛围与关系，实现代际公平。代际公平需要人类在全面发展时对后代子孙具有责任感，合理分配资源、环境，增强对环境的保护。由此，可以借鉴经济学上对环境保护的概念，更加深刻地理解实质正义，关爱身边的弱势群体和后代子孙。

3. 优化民法价值体系

自从在民法体系引入绿色原则之后，许多学者对其进行了深入的研究，尤其是它存在的必要性以及以何种方式存在于民法规范中。公序良俗原则的内涵可以扩大解释，从而包含保护生态环境的理念，绿色原则没有单独存在的空间。实质上，确立绿色原则是社会现实问题督促民法法律规范做出的改变和突破，绿色原则对私权利的发挥有所限制，对民法以私权利为中心的制度设计有所触动。民法的主要价值取向是以权利为中心，推崇意思自治原则。而绿色原则的出现回应了现代社会保护生态环境的需求，其完善了民法的价值体系，在民法中引入节约资源、保护生态环境的价值取向，使民法融入了协调人与自然的和谐关系的理念，促使民事主体遵循绿色原则，裁判者注重平衡民法保护的私人利益与社会公共利益之间的关系。

4. 促进绿色经济发展

市场经济体制与市场管理体制直接影响着市场经济的发展。合同自由与合同流转在市场经济中占重要地位，在签订合同、履行合同、解除合同等方面遵循绿色原则，对于最大程度地实现合同的目的，保障合同当事人的合法权益具有重要作用，推动了绿色经济的发展。例如，将避免浪费资源、污染环境和破坏生态作为履行合同的基本义务，有助于形成节能高效的生产方式。良好的生产方式和发展方式可以事半功倍地提高经济发展的效率。推动绿色原则的实施，倒逼市场企业进行结构型调整，由劳动密集型企业过渡到技术型企业，快速改变发展方式，实现绿色、长远发展。

所谓"绿色发展模式"，是指当今时代新的经济发展模式，不依靠资源和环境的过度消耗维持经济发展，而是结合现代科技手段科学运用资源、环境，实现长远的发展目标。坚持发展绿色经济，有益于形成和谐、稳定的社会环境，有益于深层次窥视市场经济的一般规律，为创造不同的商业模式留下巨大的发展空间。

第三节　民事审判效率及网络技术的运用

一、民事审判效率概念及其作用

(一) 民事审判效率相关概念

1. 效率

效率本质上是一种比值关系，基本的含义是在一定单位时间内投入与产出、成本与收益之间的比值。20世纪70年代，效率概念被引入法学领域，法律本身，不论是法律规范、法律程序还是法律体系，都注重最大化地促进经济效益。因此，法学领域所谈及的效率不仅指司法活动自身的效率，也包括对社会的运转、社会资源的配置等方面的效率。

2. 民事审判效率

民事审判是民事纠纷的双方当事人在法院由法官对纠纷作出裁判的一系列活动，是当事人解决民事纠纷的主要路径。民事审判效率是指法官在一定单位时间内完成民事案件裁判的量值，即通常所说的民事纠纷解决的数量多少、快慢程度，以及在民事纠纷解决过程中当事人、国家所付出的成本，强调的是缩短案件审理周期，减少诉讼成本，避免诉讼拖延。

(二) 民事审判效率的影响因素

1. 当事人

在民事审判活动中，当事人的行为方式是影响民事审判效率的重要因素之一。在我国司法实践中，当事人的行为方式尤其是被告的行为方式，会造成严重的诉讼拖延现象。作为被告的当事人，为了逃避相应的法律义务，会采取提出管辖权异议、延迟举证和证据突袭、增加、变更诉讼请求、提出反诉等方式，拖延诉讼进程。另外，当事人的法律素养也是影响民事审判效率的因素之一，部分当事人自身文化水平不高，缺乏基本的诉讼技能，主要体现在作为原告的当事人对证据的收集以及举证质证的能力较弱，无法在规定的举证期限内提交完整的证据材料，导致了案件审理周期变长，拉低了民事审判效率。

2. 法官

在我国民事审判过程中，多数是由法官主导决定是否在审判中使用网络技术。当事人或诉讼代理人申请在审判中使用网络技术的，也仍需主审法官同意方可使用。法官对网络技术使用的决定权过高，会影响民事审判效率。法官对民事审判效率的影响，不仅表现在对网络技术使用的决定，在传统诉讼过程中随意开庭、重复开庭、低效开庭的问题，会造成民事诉讼拖延问题，也引发人民群众对司法的不满。特别是对身处异地的当事人来说更是如此。

3. 诉讼程序

民事诉讼程序就是解决民事纠纷的规范与流程。以送达程序为例，作为民事诉讼基础程序之一，及时有效的送达法律文书才能发挥法律文书应有的价值，诉讼参与人才能够较为准确地知晓该文书的内容，使得其能够按时行使诉讼权利。若送达环节有延迟情况的发生，案件审理将无法正常进行。在法院实际工作过程中，如果因为案情复杂、社会影响力大、时间紧迫等情况，法院送达人员会优先选择直接送达。原因是与其他送达方式相比，直接送达这种方式更快更稳定。只有法院在直接送达无法送达当事人的情况下，才会选择其他送达方式。但是直接送达是否能够完成仍受到多方面因素影响，如送达地址不正确等。无法完成直接送达导致送达程序的拖延，后续审判过程被搁置，最终出现审理期限被延长的后果，进而降低了民事审判效率。现今我国法院最常使用的送达方式是邮寄送达，即采用司法专邮的形式向受送达人送达法律文书。邮寄送达从一定程度上来说，减少了送达人员在送达方面的工作压力。

（三）运用网络技术提升民事审判效率的作用

1. 缓解法官办案压力

我国当前正处于社会经济发展的转型期，社会矛盾凸显，法官作为矛盾纠纷的化解者，尤其是一线承办案件的法官处于巨大压力之中。一线办案法官长期处于高负荷的运转，有的工作疲于被动应付，不仅影响审判效率，也造成法官前所未有的压力。法官办案的压力大多来源案件数量多且案件不能尽快审结。而在民事审判中使用网络技术，能够大大缓解法官的办案压力。

譬如网上庭审，法官与当事人沟通确定了网上庭审的时间，即刻便可开始审理。而传统的庭审方式需要主审法官和书记员要预定法庭、上传开庭公告、联系并协调双方甚至多方当事人按时出庭，这常常要耗费大量的法官工作时间。

2. 减轻当事人的诉累

运用网络技术提升民事审判效率，能够减轻当事人的诉累，当事人能够及时维护自己的合法权益。如果民事案件的出现拖延审理的情况，案件当事人会为此不断往返于审判场所，增加了当事人的诉讼成本。审判效率低下，案件久拖不决，原告一方的利益将会持续受到侵害，本应按时依据相关审判结果可得到的赔偿、补偿，现在无法按时执行交付给原告方，即使最后得到判决，那些本不该造成的损害也未必能够得到应有的补偿。民事审判效率低下，还会导致案件当事人长期陷于诉讼之中，牵扯其有限的精力、时间，诉讼结果的好坏会一直是当事人的精神压力，使其不能安心地从事本来的工作或生产经营活动。

3. 提高司法公信力

运用网络技术提升民事审判效率，有助于提高人民群众对法院的司法公信力，维护司法权威。司法公信力是社会公众对司法的信任度，是裁判的过程、结果得到公众的认可、尊重，是司法权威得到维护的基础。司法不公正会极大地影响司法公信力，而不公正的裁判结果和效率低下则是司法不公正的表现形式。迟来的正义非正义，降低审判效率换来的公正也不是真正的公正。当事人的心理总是期望自己的案件尽快审判终结，如果案件迟迟未判决，会让当事人猜忌案件的主审法官是否办理了关系案、人情案，最终对法院裁判结果的公正性产生怀疑，进而影响人民群众对法院的信任度，损害了司法的权威。

4. 促进民事审判公正

运用网络技术提升民事审判效率，有助于促进民事审判公正。公正在传统的民事诉讼制度中是最为重要的价值追求。诉讼活动基本围绕公正展开，一定程度上导致民事审判拖沓现象出现。随着我国社会经济的发展，人民的生活节奏不断加快,对时间、效率观念愈加强烈,期盼能够迅速且有效地解决纠纷。为此,效率在现代民事诉讼制度中被赋予了和公正同等重要的地位,改变过去注重公正忽视效率的倾向。提升审判效率与保障民事审判公正并不是矛盾对立的关系。在民事审判过程中运用网络技术,能够对相关审判过程中产生的文字、数据、图文等信息进行实时精准的记录,不受人为等因素的干扰,从而在审判过程中保证公正。

对于民事审判而言,实现从立案到庭审,包括对听证、文书、审务都做到公开,才是追求民事审判公正的目标。审判案件材料对社会公开与诉讼案件公开审理一样,都是法院接受社会监督、促进法治的重要举措。网络技术为案件公开提供了绝佳的平台和技术支持。如庭审过程中全程录音录像,可以有效加强对法院庭审过程的监督,确保实现审判公正;在庭审过程中其他网络技术设备的使用,当事人可以远程参加庭审,便利了当事人,满足了当事人亲自参加庭审的需求,保障了当事人的诉权;此外,全民都通过中国审判流程信息公开网,了解自己关注的案件的审理进度。对普通人民群众来说,增强了自我法律意识;对于审判人员来说,能够起到积极的监督作用,实现真正的审判正义。

二、运用网络技术提升民事审判效率的途径

(一)完善法律规范

1. 明确现行法律的相关规定

法律的固有属性是规定性和明确性。德国坚持立法先行,通过出台法律条文,推动了德国民事审判过程中网络技术的合法、广泛应用,值得我国借鉴参照。为了保持网络技术在民事审判中运用的统一性和稳定性,我国需要对现行法律进行不断的健全完善,这样较为统一的规范才能够逐步诞生,此举有助于我国在全国各个法院开展推广实施工作,也有助于进一步提升全国民事审判效率。因此,在完善网络技术在民事审判中使用的立法过程中,应该明确相关措施的适用范围、适用程序、效力范围等问题,使得法院在民事审判中使用网络技术有法可依,保证民事审判的公正性的同时能进一步提升

我国民事审判效率。

2. 制定具体的操作性法律规范

以网上庭审为例，制定网上庭审具体的操作性法律规范，具体如下：

（1）明确网上庭审的适用范围，应当提倡民事诉讼广泛适用网上庭审的处理方式，原则上网上庭审应作为优先适用的开庭方式。同时，针对案件的具体情况和当事人的意见，可以由法官主导案件在网上和线下开庭之间灵活转换。

（2）应明确网上庭审的前置程序，在程序准备时，可以参考《送达地址确认书》的适用方法，在送达时或通知时请当事人双方签署《网上开庭确认书》，确认书应当明确网上开庭的相关环节说明、当事人需要说明的事项、网上开庭的法律后果即当事人签字确认的法律后果等。

（3）规范网上庭审的举证质证适用范围、流程以及证据形式要求。制定具体的操作规范，细化民事审判中运用网络技术的实施规则，有助于我国法院合法有序进行民事审判工作，进一步提升民事审判效率。

（二）加强网络基础设施建设

1. 利用现有网络技术硬件设施

为了缓解诉讼拖延，民事审判效率较低的问题，全国各地各级人民法院均在不同程度上配套了相关网络技术硬件设施。如何进一步提升民事审判效率，首要措施就是充分使用已配置网络技术硬件设施。如果没能够让网络技术设备或平台切实服务法院工作和群众诉求，网络技术就不能发挥其强大的功效，提升民事审判效率就可能只是美好的幻想。因此，建议结合各法院目前硬件设施使用现状，对使用方式、使用频次、故障处理等方面进行详细规定。

对于操作简单、普及率高、技术成熟的设备平台，法院应当积极引导、合理推广建议，以此减少操作不当带来的时间浪费。如自助立案机、庭审录音收音设备的使用，可以通过前期专人辅助、中期操作手册宣传、后期提醒建议的方式进行普及。如对于视频、音频传输设备，应定期维护、调整，通过庭审网络直播等方式扩大利用率。如对于显示屏等多媒体显示设备，可以在庭前建议当事人将关键证据提交电子版，审判过程实时切换显示，同时协调好庭审直播的相关设备，做到证据的充分展示。

2. 强化网络技术软件设施的研发

网络技术软件设施的功能能否满足网上立案、电子送达、网上庭审等网络化诉讼工作的需求，将直接影响民事审判效率的高低与否。以网上庭审为例，使用的技术手段可分为以下类型：

（1）通过远程视频的技术，原、被告双方登录法院的庭审系统，法官、双方当事人同时进行的庭审。此类庭审，是现阶段的主流运作方式。其优点是，比较接近传统的庭审模式，运作中的障碍较少，且能够保证庭审程序上的规范以及确保庭审的顺利进行。其缺点是，对于场所和设备的要求较高，庭审视频传输的信号、庭审系统视频画面质量将直接影响网上庭审的进行。

（2）通过更加简洁的网上沟通工具，以更加灵活、更加高效的方式进行的庭审，最为典型的便是微信庭审。其优点是，极其方便和快捷，不需要特定场所，不必进行额外的准备工作，随时随地可以进行，能大大提高审判效率。这尤其适合于司法实践中大量存在的针对各类细微节点性问题的审理。其缺点是，弱化了庭审的程序规范性和严密性，会产生程序不够严谨的怀疑，且即时聊天工具，微信等方式目前看来容易受到外界环境的影响，干扰庭审的进程，如庭审中有电话打入会导致微信视频被迫下线等问题。为此，可考虑加强网络技术设备和平台的研发，消除这方面的疑虑。以微信为例，可以考虑以微信为载体，开发相应的小程序。此类小程序在设计时即自带庭审前身份确认技术并具备法庭庭审各个步骤的应当具备的程序要求内容。以此设计和自动生成相应的模板，环环相扣，各方参与人按图索骥，有序进行，从而在最大限度地保证传统庭审的各项程序要求的同时，又可发挥微信等即时通信工具的优势。

（三）完善网上立案制度

1. 核实立案人身份信息

针对审判中使用网络技术缺乏信息安全保障的问题，《最高人民法院关于互联网法院审理案件若干问题的规定》第 6 条规定了可以通过证件证照比对、生物特征识别或者国家统一身份认证平台认证等在线方式对立案人身份信息予以核实与认证。自然人采用"证件比对、生物特征识别"、法人单位采用"证照比对"的身份认证方式在实践中已经广泛使用。从各地网上立案对申请人的身份限制来看，网上立案全部直接对律师开放，对自然人开放的法院并不多。针对立案人身份信息核实与认证可以实施的具体措施如下：

（1）规范和统一网上立案的身份认证标准。按照《国务院关于加快推进全国一体化在线政务服务平台建设的指导意见》，以国家政务服务平台为基础，综合自然人身份信息、法人单位信息等国家认证资源的全国统一身份认证系统，在2019年底建成并开始运行。同时，最高人民法院也在积极建立全国律师信息库，一方面为全国法院提供律师的相关信息，另一方面各地法院可以通过此信息库有效核验在网上申请立案的律师身份。

（2）明确网上立案身份认证的技术方法。在法院的网络立案平台上进行注册时，建议采取实名制形式，采取填写手机短信验证码、人脸识别等方式进行实名验证。针对不同的立案主体，对其需要提交的证明材料也不一样，主要包括：①针对立案人，其应提交身份证件正反面扫描件；②针对法人或非法人组织，其应提交相应的营业执照与法定代表人的身份证明扫描件；③针对立案人的委托律师，其应提交律师执业证扫描件。立案系统后台自动进行身份认证材料的审核，必要时进行人工复审，审核完成后以手机短信或立即通知立案人。

2. 明确网上立案材料的格式要求

网上立案可以通过网络提交电子材料，而电子材料需要有一定的格式，如文字材料需要做成 Word 文件或者 PDF 文件，图片需要 JPG 或其他格式。格式不明确或不统一，会增加法院后续处理工作，影响民事审判效率。因为民事诉讼法暂无网上立案提交材料的相关规定，各省市在司法实践中，大多根据各省出台的规范性文件来确定。对网上立案材料的形式要求如下：

（1）统一各网上立案提交电子材料的格式。对于当事人提交的电子材料，应当赋予书面材料内容一致的不可编辑修改的 PDF 格式的电子文本。图片材料的提交，需要确定图片格式，如 JPG、BMP 等格式，并规定图片的大小。统一电子材料的格式，有利于律师或当事人按照要求制作电子材料，也有利于法院立案系统的运行，方便法院对材料的审查工作的同时，民事审判效率自然会得以提升。

（2）明确各类材料的具体格式。对起诉书、答辩状、录音内容等当事人为起诉而制作的文字材料，必须提供 Word 格式，不得提供对书面材料进行拍摄后的图片；对于证据材料，必须提供证明材料的图片格式或 PDF 格式的电子文件；如证据所载文字不清时，可以附以 Word 格式的文字材料用来说明。只有明确材料的格式要求，当事人或律师在制作材料时才能统一，也为庭审需要的电子材料做好对接。

（3）立案、审理、执行所需电子材料的格式应当统一。立案时提供的电子材料应当考虑整个审判所需材料衔接的问题，即立案提供的电子材料在审判过程中都可以直接使用，无需进行格式转换。因此，在立案过程中提交的电子材料的格式应当与审判过程中提交的电子材料的格式保持一致，可以最大程度地确保各个法院使用电子材料的便捷性，有利于节约人力、物力、财力，进而有效提升民事审判效率。

3. 规范立案材料的审查

立案阶段，作为提交材料的一方的申请人，法院对其提交的材料仅进行形式审查而非实质审查。在立案阶段，对方当事人并不参与立案程序，对提交材料内容的真实性要求不高，审查电子形式的材料已经可以满足立案的需要，因此可以不核实原件与电子材料是否一致。

基于网上立案文件审查的特点，实现网上立案方便、节约、快捷的初衷，切实提高民事审判效率，在立案时，要求网上立案申请人（原告）必须承诺并遵守《网上立案承诺书》，声明并承诺立案所述事实属实，请求有法律依据，并应逐项明确所提交证据是否有原件。如果声明有原件的，原件与网上立案提交的文件应一致，并保留原件备查。案件审理中，如果发现网上立案所提交材料实际无原件（在立案时谎称有原件）或者所提交材料与原件不符的，应当受到惩戒。在立案阶段建议不核实电子材料与原件的一致性。通过上述声明、承诺与处罚的方式保证申请人所提交的电子材料与原件的一致性，实现网上立案方便、节约、快捷的初衷。倡导建立电子证据制作与存储的技术标准，探索通过网络技术、加强应用分布式计算存储和信息加密技术等手段，建立符合电子证据标准的信息存证固证方式，最终实现证据的电子化与证据的可溯源，从根本上解决证据真实性的核实问题。

（四）优化电子送达制度

1. 丰富电子送达渠道

全国法院统一新型电子送达平台仅在个别试点法院试行，且仅支持受送达人通过新浪微博、邮箱、支付宝等三大平台接收诉讼文书。该平台是否能真正建立和实现全国法院电子送达统一平台的作用，对于互联网世界中存在的大量十分活跃、覆盖面广的外部互联网工具，如果不能合理地借助和运用，将是一种巨大的浪费，也会影响到电子送达效用的发挥，不利于民事审判效率的提升。比如，腾讯微信用户关注度、使用频率、技术成熟度，均达到相当高的水平，完全可以成为电子送达的巨大助力。因此，建议最高院，按照严格的条件和标准，选拔和对接外部各类工具，并将其纳入统一并定期更新的送达平台名册，被纳入名册的外部工具，通过其完成的送达具备法定效力。另外，针对电信诈骗高发的情况，统一电子送达的外在形式，提高送达信息的辨识度和安全性，并为受送达人核实送达信息真实性提供权威有效途径。

2. 明确电子送达的效力

明确电子送达的效力是为了防止出现电子送达无效的情形，保障正常送达工作的进展，提升民事审判效率。在使用电子送达方式时，如受送达人同意，虽然并无传统的纸质版《送达地址确认书》或类似材料，但法院完全可以参照现行传统《送达地址确认书》的做法，以相关电子文件到达受送达人特定系统即视为送达，以到达的日期视为送达日期。

对于未能取得"受送达人同意"的情形，则比较复杂。此时的电子送达，完全是借助于大数据的力量，由人民法院判断受送达人身份地址的真实性并进行送达，实践中也的确有可能存在数据有误、受送达人没有关注等原因，造成送达失效。结合我国电子送达的现状，我国应适用"阅读主义"，以送达受送达人表现出来的反馈信息或数据特征等判断受送达人是否已经"阅读"受送达的信息并据此确认送达的有效性,较为妥当。此类反馈信息或数据特征,可以是受送达人的直接回复或行动,也可以是其网络活动内容比如在自己微博下的留言等,还可以是借助收信回执等技术手段表现出来的受送达人已实际知悉的证据。只要有迹象表明,受送达人已经阅知信息或者在接收到明知是相关机构送达的电子文书后仍拒不接收,则此时应可确认送达有效。

受通知权是当事人拥有的基本权利之一,在当事人不清楚诉讼是否存在,且不确定是否同意采用电子送达形式的情况下,法院对首次电子送达按规定进行后即视为完成的做法,会面临着减损当事人权利的风险。因此建议实践中法院可分步骤开展首次电子送达,可从具有长期交易关系的合同类案由先行试点,从影响程序利益小的通知开始,稳步推进电子送达工作。

3. 明确电子送达的证明效力

最高人民法院《关于进一步加强民事送达工作的若干意见》第11条规定和第12条规定对于电子送达的证据提出了原则性的操作标准。实践中,围绕电子送达的证据产生问题的,主要是针对未能取得"受送达人同意"的情况。在未能取得"受送达人同意"的情况下采取电子送达,法院是绝对的主导方,送达程序完成与否的举证责任在于法院。送达程序完成的证据标准有法律明确的规定,但当送达效力产生争议时,法院自行制作的送达证据恰恰就是争议的焦点,相关机构证明成本过高,且自证正当性的方式亦难以产生说服力。随着此种未能取得"受送达人同意"的案件数量越来越多,此类证据保全问题不容小视。

为此,建议可以构建法院与外部平台共同合作运转的电子送达系统,各方数据共享,并在此基础上开发送达取证系统,将本次送达过程中的相关数据特征、网页截图等,一键点击即可自动抓取、集成并生成最终载体,使得电子送达中"确已送达"有据可见,便于异议审查,也便于后续的案卷的存档备查。如果环境允许,可适时开展电子送达网络公证的探索,为电子送达的证明提供更加权威的依据。

(五) 规范网上庭审程序

1. 规范网上庭审的前置程序

从国内外的司法实践看，网上开庭"非现场性"的特点，决定了此类开庭要顺利进行，需要当事人双方的配合度较高。因此，网上开庭，建议原则上应当以双方一致同意为适用条件。否则，如果一方当事人的抗拒心理比较强烈，则可能造成庭审的环节中处处存在掣肘，影响民事审判效率。在程序准备时，可以参考《送达地址确认书》的适用方法，在送达时或通知时请当事人双方签署《网上开庭确认书》，确认书应当明确网上开庭的相关环节说明、当事人需要说明的事项、网上开庭的法律后果即当事人签字确认的法律后果等。

2. 核实当事人身份信息和实际状态

非现场的网上庭审需判断对方是否当事人本人或者合法代理人以及当事人或其代理人是否精神状态正常等，这就涉及当事人身份和精神状态的核实。在我国法院可以采取以下方式核实网上出庭当事人身份和状态：

(1) 在远程网上视频庭审的方式下，可以用类似于传统庭审的方式进行核实，即通过类似于现场庭审时的证件展示、对话问答、权利告知、当事人现场陈述等方式，判断其身份和状态是否存在异常。

(2) 可要求当事人下载网上庭审客户端，用手机号注册后登录，通过预约码进入庭审。在当事人登录系统时，需要通过摄像头先进行人脸识别，在与人脸图像数据库进行对比之后，系统确认了当事人的身份，同时系统向当事人实名认证的手机发送验证码，输入验证码后，屏幕上才能呈现庭审画面。

(3) 使用微信出庭时，可以在"网上庭审群"启动阶段要求当事人双方乃至法官各自上传确认身份的短视频等。

(4) 对于网上庭审方式中通过欺诈、盗用他人身份信息或通讯账号等方法，隐瞒、伪造身份参加诉讼的情形，可以纳入妨碍民事诉讼行为范围并予以处罚。

3. 优化网上庭审中的异步审理

异步审理是一种全新的尝试，最大特征是庭审的非同步性，极大限度灵活利用了零碎的时间，提高了民事审判效率，但这种方式也削弱了庭审的对抗性和严谨性。事实清楚、法律关系明确、适合网上审理的民事案件更适合使用异步审理。

异步庭审方式是目前最具突破性的网上庭审方式，充分发挥了网络方式的优点，可以充分利用各个诉讼参与方的零碎时间，提高民事审判效率，符合民事诉讼法便利法院审理、便利当事人参加诉讼的"两便原则"。

（1）在适用异步审理方式前，要将异步审理的基本步骤、时限要求、法律后果等内容告知当事人，以便当事人做好相应准备。

（2）由于异步审理中当事人双方提问和回答的非同步性、庭审的非正式性，使得当事人可能对庭审的重视度不够，更有可能随意应对和发言，可能没有正常开庭审理的效果好。在事先充分告知的前提下，法官可以严格把握节奏，引导异步审理有序进行。必要时，可以通过技术手段，将异步审理的各项要求特别是时限要求，设计成系统中的技术界限，一旦超越此界限，则系统将会自动进入下一环节或启动其他程序，避免异步审理中可能产生的当事人发言随意拖沓，内容冗余进而导致审理的周期更长的情况。

（3）在异步审理中，一定程度上减损传统开庭的直接言词原则、集中审理原则、公开审理原则、辩论原则，需要仔细评估其适用性。目前，如果是正式开庭，建议原则上实行同步审理，谨慎推行异步审理。对于简易审理或者询问或听证，应当大力提倡和推行异步审理。

第四节 民事审判智能化改革及推进策略

一、民事审判智能化改革内容及意义

（一）民事审判智能化的概念界定

目前互联网法院、智慧法院已成为我国司法领域中的热词，是中央和地

方法院建设的一项重要工作内容。互联网法院以在线庭审的方式，融合智能辅助系统推动智慧司法的进程，是智慧法院中的专门法院。智慧法院深度融合司法审判和现代科技，以互联网、人工智能、大数据等为技术路径进行建设。基于这些科技元素的发展成熟，人工智能对其进行深度结合和应用，是先进技术的集大成者，体现了现代科技的实质。智慧法院是人工智能时代技术升级的必然产物，在介绍智慧法院运用智能技术开展的司法活动中常出现"智能化"等词汇，例如"智能化系统""智能化服务"等。一方面体现在法院构建了智能阅卷、智能归纳、庭审评议等模块组成的系统总体架构，例如上海法院智能辅助办案系统的运用；另一方面法院已经将人工智能语音转写等庭审辅助系统应用于庭审。

关于"智能化"的表达反映着对科技运用的一种理解，"民事审判智能化"也不例外，其正是立足于人工智能的既有条件和技术，以实现"类案类判"为目标，通过人工智能在民事审判过程中的积极运用，体现民事审判与人工智能的交互关系。理想中的民事审判智能化的核心内容是运用知识图谱进行的法律推理模拟，即通过学习法律、司法解释等规范性文件以及先前裁判等裁判资源，达到最接近人类的裁判效果。但是，人工智能是以统计学为技术原理，虽然能够借助数理模型关联词与词，实现类案推荐、裁判辅助等法律推理模拟的功能，但由于人工智能在语义理解和价值判断上存在技术瓶颈，故而还无法实现裁判中的证据推理模拟和法律解释模拟。

民事审判智能化是指正处于弱人工智能时代的审判活动改革的进程，具体来说指的是法院以互联网技术为基础，充分运用集大数据、云计算等信息技术于一体的人工智能技术，辅助审判环节中的具体工作，提高法官的办案效率和透明度，促进实现司法公正，从而使审理流程发生广泛而深刻的质变和突变，推进民事审判辅助、审判管理及审判监督智能化与现代化。

（二）民事审判智能化改革的内容

在互联网、大数据、人工智能异军突起的形势下，智慧司法引起了广泛关注，并成为当前司法改革的焦点问题。将技术革新的成果运用于现代民事司法改革势在必行，智慧法院与互联网法院走在改革的前沿。智慧法院与互联网法院是两个相交叉的范畴,都是以现代科技与法律制度的结合为主要建设内容,但两者的具体着力点有所不同。智慧法院不仅侧重改进审判权的运行方式,还包括完善法院的审判管理、审判监督,互联网法院则着重于审判权运行的建设。

从宏观方面,立足于基本的民事诉讼价值追求,寻求如何使智能化最大化协调各价值追求之间的紧张关系,进而探索如何借助人工智能技术,最大限度实现审理活动的实体公正和程序公正。

从微观方面,研究如何对电子卷宗、庭审记录和裁判辅助过程中智能化生成和处理的相关证据、文件、记录、文书进行法律规制,以使当前智能化的民事审判工作能够在法律的限度内进行,实现维护当事人合法权益和保持审判系统的稳定性。尤其是关乎审判结果和质量的法官裁判的作出,致力于通过人工智能的决策辅助功能,将法官的裁判推理方法从"决策——论证"恢复到从"论证——决策"的过程。以注重民事司法规律为准则,逐步推进民事司法改革的进程。

(三)民事审判智能化改革的意义

"近年来,在一些经济发达地区,民事纠纷案件数量持续迅猛增长,有些人民法院的审判流程管理严重失控,这不仅对原本十分匮乏的民事审判资源的合理配置产生了影响,也在一定程度上妨碍了民事审判'公正与效率'目标的实现。"[①] 根据政策要求,最高人民法院进行统一部署,各地法院也紧跟政策和潮流,以改革的姿态如火如荼地建设法院智慧审判。法院的电子化、信息化和智能化改革,不仅提高了审判、执行效率,而且对司法公开、司法公正的实现也具有明显效果。总的来说,民事审判智能化改革顺应了民事司法智能化改革的步伐,对于提升民事审判质效和审判现代化,助力民事审判公开、民事审判体制改革和法治中国建设,具有重要意义。

第一,民事审判智能化改革催生智能辅助系统,提高了民事审判效率。民事审判智能化不仅创新生产工具,未来更是技术的一场革命。在当前的司

---

① 周晓冰. 民事审判流程控制研究[J]. 人民司法,2008(01):37.

法情境下，民事审判智能化的出现，能够有效解决法院案多人少、司法资源利用率低的困境。凭借民商事案件智能辅助办案系统强大的检索和储存功能，可以高效完成审判过程中许多琐碎又不费脑力的工作，从而在很大程度上将审判工作人员从繁琐的工作中解放出来。

一方面，随案同步生成的电子卷宗系统和庭审语音识别系统，解决了传统庭审中纸质证据材料的传递走动、耗时多、检索难和不同步等问题，为书记员等司法人员节省了时间；另一方面，通过人工智能技术将民事案件卷宗电子数据化，实现电子卷宗随案同步生成，并在这个过程中进行证据的校验和审查，代替法官阅看卷宗，民商事案件智能辅助办案系统还可以自动生成与辅助制作各类司法文书，可以自动生成类案裁判文书供法官参考，为法官节省了大量的时间。系统智能化服务带来的高效与便利，极大地将以法官为代表的司法人员从繁重的劳动力中解放出来，并且优化了司法资源。

第二，民事审判智能化改革推进实现"类案类判"，促进民事司法裁量的统一。在司法责任制改革的背景下，随着审判权力下放到一线法官手中，"类案类判"作为一种新型的审判管理技术，能够通过司法控制的手段避免法官的裁判结果发生较大程度的裁判偏离。传统上，我国统一司法裁量权的方式多种多样，例如通过制定规范性文件加强制度保障，对法官进行业务培训来提高裁判技术，然而所达到的效果不尽如人意。而"类案智能推送系统"是借助大数据和人工智能技术，将收入进系统的裁判文书进行对比分析后做类型化处理，以利于系统进行类案识别，实现自动向法官推送类似案例的功能，甚至作出裁判预测，从而使法官的裁判能保证与全国同类案件一致，进而保证民事案件裁判的统一性。

第三，民事审判智能化改革强化动态监控民事审判活动，预防司法腐败的发生。国家和人民赋予人民法院审判权，法院的审判活动影响着司法公信和司法权威，必须避免人民法院出现司法腐败的情形。通过加强审判人员的思想培训，完善相关监管制度，在一定程度上可以预防司法系统的腐败，因人类的某些行为存在偶然性因素，这些传统的手段发挥的作用并不明显。而人工智能的引入，作为客观性的司法辅助工具，能够及时对人类的失误进行管理，对行为的偏差进行校正，从而避免所可能导致的系统性风险。人工智能技术通常以机器作为载体，具有一定的客观性，不会被外部所诱惑，它既能起到辅助审判人员工作的作用，还能发挥对其进行限制的功能。智能审判辅助系统运用相关技术能够实现自动生成法律文件和语音识别等功能，可以将庭审过程中产生的信息自动、完整的保存下来，加强了社会群众对法官和庭审活动的监督。总之，实现对民事审判活动的智能化动态监控，能够促使司法人员主动约束自己的行为，严格遵守法律法规，从而避免司法腐败的产生，有效确保办案质量。

二、民事审判智能化改革的具体构想

（一）厘清民事审判智能化改革的指导思路

从目前智慧法院日新月异的发展来看，民事司法改革的智能化已经是不可阻挡的大趋势。对于新的事物，人们要允许其先行先试，但在发展中也要不断探索和更新监管制度，最终助力智慧审判的健康成长。当务之急是使法律能够兼容大数据和人工智能技术在具体领域和场景中的应用，正视数据处理商和法院信息部门在司法决策中日益重要的位置，修改现有的法律需尽快提上日程。就民事审判智能化改革工作，理论上需要对《中华人民共和国民事诉讼法》进行修订，进而通过出台互联网法院、智慧法院运作方面的司法解释予以完善和指导。

欧盟《一般数据保护条例》所建构的个人数据权利体系，是从个人对数据的自决权出发，从而直接对人工智能的产品设计和技术发展产生影响。这种做法实际上是抓住人工智能的本质，在源头进行规制。而目前智能化的审判实践还不够充分，有针对性地出台相应程序法的条件尚未成熟，但民事诉讼法可以作出原则性或框架性的规定。

民事审判智能化改革的指导思路应是以明确的建设目标和合理的适用范围为基础，从有效性、便捷性、安全性等维度建设改革的协调机制，以保障民事审判智能化改革规范、有序的进行；在现有法律法规的前提下，为广泛发展与应用信息技术开辟制度与法律的空间，不断地探索和论证民事审判改革的可行性措施，使其能以规范性文件的形式确认下来，再以司法解释的方式补充完善，最终深入推进民事审判智能化改革的进程与发展。

（二）明确智能语音识别生成庭审笔录的法律效力

在目前的司法认知中，庭审笔录作为一种记录性文本而存在，而非具有法定证明效力的文书。单纯事实记录载体的定位，使得其具有被智能语音系统所生成记录替代的现实可能性。法庭笔录规则的有效性建构方案应当是以全国人大及其常委会为主体，通过修订法庭笔录规则，在诉讼基本法中增补庭审同步录音录像与法庭笔录具有同等法律效力的规定，进而实现从法律层面奠定改革的合法性基础。在这一基础上，再以司法解释的形式确立庭审同步录音录像具体的操作规范。

第一，应当对使用智能语音识别系统生成法庭笔录的民事庭审录音录像制度予以肯定，应该明确民事庭审录音录像作为独立的证据资格，对其进行证据种类的归属。进而将人民法院通过使用智能语音识别系统同步转换生成的庭审文字记录统一规定为法庭笔录，民事庭审录音录像则作为辅助对比完善的储备档案。通过高位阶的立法，赋予通过使用智能语音识别系统同步转换生成的庭审文字记录与庭审笔录同等身份，在庭审活动中起到相同的作用，准确定位其在庭审活动中所具体扮演的角色，保证以合法的方式提高庭审效率，保障当事人的权利，实现公平公正的审判。

第二，从目前实践来看，各地推行的庭审录音录像系统的改革基本是以省为单位，并未建立全国统一的庭审录音录像系统，自然就不存在统一地使用智能语音识别系统的电子庭审笔录。另外，涉密类、涉私类等特殊案件的审理仍需要为法官预留适用的空间。需要明确的是庭审语音识别系统所生成的庭审笔录的本质是优化庭审记录方式，虽帮助书记员解放劳动力，但始终无法取代"人"的见证价值。因技术上存在一定的风险，其仍然离不开书记员的参与。

为了使庭审语音识别系统所生成的庭审笔录得到合法及广泛应用，随着智能语音识别技术的推广以及人工智能技术的不断成熟发展，未来应建立全国统一的使用庭审语音识别技术的庭审录音录像系统，最高人民法院应当为庭审语音识别系统所生成的庭审笔录制作设定合理且统一的技术判断基准，地方法院可以在此基准之上采用更严格的措施。

第三章　智能时代下刑事审判及智慧系统的运用

第一节　刑事审判视频开庭与刑事缺席审判制度

一、刑事审判视频开庭制度

（一）刑事审判视频开庭的内涵

"近年来在刑事审判领域开始尝试一种新的庭审方式——视频开庭，这是在当今社会网络技术高度发达的背景下应运而生的一种庭审方式。"[1] "视频开庭"又称"远程庭审""在线诉讼""视频庭审"等，指的是人民法院审判人员、公诉人、当事人和其他诉讼参与人利用计算机及网络技术建立的声音、视频图像传输通道及终端设备等，完成法庭审理全过程的诉讼活动。

刑事审判视频开庭，主要是指在刑事案件法庭审理过程中，法院、检察院相关人员与被告人以及其他诉讼参与人不亲自到庭参加诉讼，利用网络技术以及相关设备进行实时视频，从而在不同空间参与同步审判的诉讼活动。刑事审判视频开庭的运行方式就是通过视频开庭系统，法官与公诉人、被告人等参加开庭的人员通过视频音频链接在异地参加开庭的活动。开庭时，各方的开庭画面通过视频音频实时传输在电子屏幕上展示，证据可以通过网络平台以电子形式提交、展示，法庭调查、辩论、被告人陈述以及宣判等开庭

---

[1] 黄兰蔚. 视频开庭的利弊分析及完善——以刑事审判为视角［J］. 法制与社会，2010（15）：119.

活动都可通过视频开庭系统进行。

(二)刑事审判视频开庭的性质和特征

刑事审判视频开庭是高科技设备和网络技术与审判活动相结合所形成的一种新的开庭方式。刑事审判视频开庭并没有创设新的诉讼方式,也不是独立的诉讼程序,只是开庭活动的另一种表现形式而已。因此,刑事审判视频开庭在性质上是传统开庭方式的补充和延伸,应当具备传统开庭的内在机制原理和本质属性。但刑事审判视频开庭作为高科技设备和网络技术与审判活动有机结合的产物,与传统开庭方式相比,它有其自身的独特性,具体来说其有以下特征:

1. 虚拟性

对于刑事审判视频开庭来说,由于大部分的诉讼活动是借助计算机网络进行的,因此,相较于传统的开庭审理方式——法官与公诉人、当事人等人员在同一个房间进行交流而言,刑事审判视频开庭则是法官与公诉人、当事人等人员借助虚拟网络平台进行远程视频对话,从而完成案件的审理。案件的审理过程是在模拟空间中进行的,因此,虚拟性是刑事审判视频开庭审理与传统开庭审理相区别的主要特征。

2. 方便快捷性

(1)对于法院而言,在刑事审判视频开庭中,法官对于时间和空间的选择上与传统审理方式相比有较大的灵活性,特别是对于审理一些简单的刑事案件,法院能在较短的时间内审结案件,提高了审判效率。

(2)选择刑事审判视频开庭方式对于被告人而言,在看守所的视频审理点就能完成案件的审理,省去了被告人被押解到法院的时间。

(3)对于除被告人以外的其他诉讼参与人而言,在时间和地点的选择上更具灵活性,不再需要前往法院,只需在网络平台上就可完成,不仅节约了时间成本,而且节约了一系列的交通费以及其他需要支出的费用,使得案件的审理更为方便快捷。

3. 技术依赖性

刑事审判视频开庭是借助信息网络技术而进行案件审理的在线开庭方

式，因此对于技术具有很强的依赖性。①在开庭之前需要进行身份的验证，因此需要身份认证技术；②可能需要对案件进行讨论，因此需要建立相关工作群组，需要相关软件的支持；③在举证质证环节，不再需要物证原件，大多时候利用网络传输复印件和证据展示台展示证据等方式即可；④在开庭审理过程中，需要高清的影像技术、高效的网络传输技术等；⑤为了案件审理过程的安全性，需要预防黑客的攻击；为了案件裁判结果的认可性，需要进行电子签名等。以上种种情况都需要技术的支持，如果没有很好的科学技术，刑事审判视频开庭也就无从谈起，因此刑事审判视频开庭具有很强的技术依赖性。

4. 跨地域性

刑事审判视频开庭，借助信息网络技术，利用远程音像传输，不仅打破了法庭本身的物理空间限制，而且在逻辑上也扩充了法庭的空间范围，使得法官、公诉人、被告人等相关人员可以在不同的地点参与案件的审理。其打破了空间的限制，解决了传统开庭审理必须在同一空间审理的局限性，对某些刑事案件实现跨地域审理，使得案件审理变得更加快捷。

二、刑事审判视频开庭的意义

（一）提高刑事审判效率

我国司法资源仍然处于"案多人少"的状态，视频开庭成为疫情防控期间非常重要的审理案件的方式。对于多数刑事案件来说，时间往往是很宝贵的。如何保证案件的快速审理和诉讼效率，是国家司法需要关注的重点课题。为了缓解"案多人少"的压力，实现案件的繁简分流，需要加快刑事案件的审理。采用刑事审判视频开庭的方式审理刑事案件，可以较好地解决当事人因为路程或者时间原因难以出庭参加庭审而导致的案件延期审理的问题，在提高司法效率的同时也及时维护了当事人的合法权益。刑事审判视频开庭通过科技手段解决了很多传统开庭繁杂的问题，例如视频开庭可以全程录音录像、远程提交证据、证人视频作证以及审判流程数据化等，对加快刑事案件的审判、减轻法官的工作量以及提高审判效率产生了良好的效果。

（二）克服空间障碍，节约资源

随着世界的发展，交通工具的不断完善，加速了全国各地人员的流动。因此，有不少刑事案件是跨地域的。为了节约司法资源，加快案件的审理，某些刑事案件可以选择视频开庭审理。在刑事案件中，被告人往往是被羁押在看守所内的，可能因看守所距离法院较远而导致押解时间较长。如果选择视频开庭对案件进行审理，可以克服空间的限制，被告人只需要在看守所相关人员的主持下，利用看守所相关设备，与法院进行视频开庭。此举不仅解决了因为空间的原因而带来的各种不便，而且避免了在押解过程中产生的各种风险。同时，从经济学的角度看，传统开庭审理中的押解工作往往会浪费国家机关人力物力，如果仅仅是一些简单的刑事案件，法庭押解被告人的时间往往会大于法庭审理的时间，这在无形中就耗费了司法资源。而刑事审判视频开庭，不需要法警执行押解工作，也加快了刑事案件的审理，为其他不宜采取视频开庭的案件节省出更多的时间，节约了司法资源。

（三）方便人员出庭

1. 方便被害人出庭

在我国，公诉案件基本是围绕被告人进行的，以被告人作为法庭的核心进行案件审理。被害人虽然作为案件的亲历者，对案件情况比较了解，但被害人的出庭率并不高。

一方面，出庭成本，对于被害人而言，如果是离法院相对比较近，被害人可能会积极参加开庭审理，但是，如果离法院相对较远，就会降低其参加开庭审理的积极性。例如，非法集资和网络犯罪等经济犯罪往往涉及多个受害者，这些受害者通常分散在全国各地，从不同地区前往同一个法院需要产生交通、住宿和其他费用，同时也会影响工作和耗费时间。诉讼成本一旦超过参与案件本身能够得到的利益，被害人参与开庭的积极性就会降低，于是便放弃了为自己争取有利结果的机会。

另一方面，被害人可能会遭受"二次伤害"，例如家庭暴力等案件中，被害人因为恐惧、羞耻等心理，不愿意直接面对被告人，如果参加传统开庭与被告人面对面，就会备受痛苦和折磨，遭受"二次伤害"。但是，被害人到庭参与案件审理,是我国法官查清案件事实、作出公正裁决非常重要的一部分。

因此,在某些刑事案件中,如果被害人选择不参与开庭,放弃亲自到庭参与诉讼的权利,很可能会影响案件事实的查清,不利于开庭的顺利进行,甚至会让有罪之人无罪释放。刑事审判视频开庭,方便被害人直接在家参与开庭审理,减少了因为交通不便或者其他原因放弃参与开庭的情况,节省金钱的同时也节省了时间,大大提高了被害人出庭的积极性。

2. 促进证人出庭

我国刑事案件证人出庭率十分低,即便"以审判为中心"的诉讼制度改革明确作出了"提高出庭作证率"的要求,改革后证人出庭的实践情况却依旧不如人意。证人出庭难,客观因素是因为证人的住处或者工作单位离法庭较远,证人出庭会导致浪费大量的时间与精力。虽然国家对于证人出庭有一定的经济补偿,但是,很难去很好地补偿证人的经济和时间损失。同时,证人也可能因为自身的身体原因,导致行动不便,不能前往法院进行作证,法院也不能强制这些人出庭作证。证人出庭难,主观因素是因为证人害怕出庭作证之后被报复,特别是一些暴力犯罪案件。此外,如果证人与被告人有亲戚或者朋友关系,出庭作证会破坏证人与他人的人际关系,证人在主观上就会对出庭作证有一定的抗拒心理。

利用刑事审判视频开庭作证,证人便不需要再去法院出庭作证,只需要在单位、家里、医院甚至任何一个有网络的地方,都可以利用自己的相关设备进行线上视频作证。此种方式既方便了证人,也减少了证人的时间和金钱支出,促进证人出庭作证,有助于查明刑事案件的事实,在一定程度上维护了社会的稳定。同时,刑事审判视频开庭中,不仅可以对证人的样貌进行处理,也可以对证人的声音进行虚化处理,保障证人的真实身份信息不被泄露,很好地解决了证人作证时身份信息泄露的隐忧。

3. 方便律师及其他诉讼参与人出庭

刑事案件往往有律师参与案件的审理,传统开庭方式中,律师一般会到不同地点参与案件审理,如果每代理一个案件就要前往当地的法院参与案件审理的话，会浪费比较多的时间和金钱成本。选择视频开庭，不仅减少了律师的出庭成本，也方便律师出庭辩护。同时，律师作为偶尔使用刑事视频开庭参与案件审理的人员，对视频开庭相关设备的使用也会比较熟悉，因此，在选择利用视频开庭审理刑事案件后，可以由其指导被代理人员使用相关设备，解决了一些当事人不会使用视频开庭相关设备而选择传统开庭的问题。其他诉讼参与人可以参照适用证人以及律师的出庭。

三、刑事缺席审判制度

（一）刑事缺席审判制度的解读及分类

1. 刑事缺席审判制度的解读

刑事缺席审判是指法院依据法律规定，在特定刑事案件中被告人不出庭的情形下，审理案件并做出判决的特殊审判程序。刑事缺席审判制度是由围绕刑事缺席审判的一系列程序，如庭前审查、送达告知、案件审理、辩护保障、证明标准、权利救济等共同构建的规范体系。"刑事缺席审判程序相较于传统的对席审判程序具有特殊性，属于刑事司法中的例外情况，因而该程序不能普遍适用于所有刑事案件。"[①] 缺席审判根据法律部门的不同可分为民事缺席审判、刑事缺席审判和行政缺席审判。其中，刑事缺席审判特指刑事诉讼过程中某方诉讼参与者未出庭而进行的缺席审判。

2. 刑事缺席审判制度的分类

我国刑事缺席审判制度以被告不到场之不同情形可以分为以下三种基本类型：

（1）明确刑事责任型缺席审判，主要针对贪污贿赂犯罪案件，以及需要及时进行审判，经最高检核准的严重危害国家安全犯罪、恐怖活动犯罪案件，犯罪嫌疑人、被告人在境外的情形。这种情形是我国在大力推进反腐败斗争、追逃追赃工作背景下设立缺席审判制度的重点内容，旨在解决因被告人潜逃海外而导致诉讼进程受阻，无法进行刑事审判的司法困境，加强对外

[①] 蒋莉. 我国刑事缺席审判制度的基本理论[J]. 现代商贸工业, 2021, 42 (S1): 142.

逃犯罪分子的司法威慑和追逃手段。

（2）解决诉讼障碍型缺席审判，主要针对被告人患有严重疾病导致缺乏受审能力，中止审理超过六个月后仍无法出庭的情形。在现实生活中，患有严重疾病的被告人能否痊愈或恢复受审能力是充满不确定性的，因此在案件中止审理一定时间后启动此类缺席审判是合理的，有利于排除诉讼障碍、避免案件久拖不决。

（3）为被告人正名型缺席审判，主要针对被告人死亡但可能判处无罪的情形，具体包括被告人在审判过程中死亡，以及审判监督程序重新审判的被告人已经死亡的案件两种可能。若被告人死亡，不论是有证据证明被告人无罪，还是证据不足不能认定被告人有罪，都应进行缺席审理，判决被告人无罪。此规定贯彻了疑罪从无原则，大大深化了此类缺席审判保障人权、为无辜者正名的设立目的；而对被告人已经死亡的审判监督程序，不仅可以依法宣告无罪，对于原判量刑畸重的也可依法改判，更是维护了裁判公正和被告人名誉。

（二）刑事缺席审判制度的特点

刑事缺席审判制度作为一种特殊审判制度，作为现代通用诉讼模式的例外和补充，在适用范围、庭审构造、审判程序等方面都与传统对席审判存在显著的差别，具体表现为以下方面：

1. 诉讼构造形变

就刑事诉讼构造而言，传统的"控、辩、审"三方构造格局中，检察机关作为公诉职能部门，与刑事被告人或其法定代理人、刑事辩护人对席出庭，控辩双方就案件事实与法律适用展开攻防，由法院居中裁判。这种构造格局应当是常态的、普遍的审判模式，能够最大程度保障刑事被告人参与审判过程，行使其质证、辩论、最后陈述等诉讼权利，努力说服法官形成客观公正的内心确信。然而在刑事缺席审判中，由于被告人出于各种原因缺席庭审，导致其诉讼参与程度降低，权利保障存在天然缺陷。被告人的缺位不可避免地打破了控辩双方之间的平衡，使得法官只能根据控方主张及现有证据对案件进行判断认定。正是基于这种诉讼构造不平衡的特点，刑事缺席审判制度在构建时大多通过限制适用范围、强化辩护权支持、设置救济制度等多种方式以实现被告人权利保障以及实质性的控辩双方力量平衡。

2. 适用范围有限

由于刑事缺席审判在诉讼构造样态上与普通对席审判之间的差异，消减了被告人的程序参与权，因此，司法实践和理论研究大多对该制度的适用持谨慎态度。在现代刑事诉讼体制中，通观各国立法，大多数国家以犯罪行为的危害性和案情的严重性为标准对刑事缺席审判的适用范围进行了限制。对适用范围的限制背后是诉讼价值的考量，刑事诉讼关系到被告人生命、人身自由等基本权益，宽泛的适用范围可能影响裁判结果的客观公正和被告人诉讼的参与保障，但是绝对禁止缺席审判又不利于提高诉讼效率、打击外逃犯罪分子等诉讼目的之实现。因此，有限的适用范围体现了我国构建刑事缺席审判制度的国情考量。

3. 审判程序特殊

刑事缺席审判在庭前审查、送达告知、辩护保障、权利救济等程序上都与传统对席审判存在制度性区别。对于缺席审判案件，法院会在审前对案件是否属于缺席审判适用范围、是否写明被告人的境外居住地等基本情况进行实质性审查；送达过程中会将起诉书副本送达被告人近亲属，并通知其敦促被告人归案；被告人及其近亲属没有委托辩护人的，法院将通知法援机构为被告人提供指派辩护；在审理过程中被告人到案的，或者交付执行前，罪犯对判决、裁定提出异议的，法院都将进行重新审理。这些特别程序正是基于刑事缺席审判的特殊性所作的专门规定，而这也是立法设计将该章内容置于特别程序一编之原因。

（三）刑事缺席审判制度的意义

1. 提高诉讼效率

公正与效率作为刑事诉讼的两大基本价值，天然存在一定的紧张关系。而司法适用的过程，往往也是公正、效率两大价值协调平衡的动态过程。追求绝对的公平和绝对的效率都是不合理亦不现实的，具体的司法制度设计应当在结合时代特征、形势政策、客观条件等多要素基础上，进行取舍衡量。

当犯罪嫌疑人、被告人缺席庭审时一律采取诉讼中止的行为，不仅极大地忽视了效率价值，也无法满足客观的司法治理需求。特别是当刑事被告人身患严重疾病，无法出庭受审达到一定时间，不仅其恢复时间无法预期，而且无限地中止审理也会加重法院的诉讼负担，影响被害人等案件相关人的正义实现。刑事缺席审判制度的出现，是对特定案件中诉讼效率的平衡，也是对司法实践中客观现实的考量。

2. 完善刑事诉讼体系

从刑事诉讼发展的趋势来看，刑事缺席审判逐渐成为各国通用立法，这是出于完善刑事诉讼体系的需要。传统对席审判模式固然在被告人权利保障、控辩双方充分对抗等方面具有积极效果，但其显然无法涵盖刑事审判中出现的全部情形。刑事诉讼的设立不应单纯关注犯罪嫌疑人、被告人，对被害人、利害关系人的合法权益也应及时维护。被告人长期缺席导致的案件中止，不仅阻碍案件的认定宣判，而且会影响被害人的诉讼主张、损害救济，导致其相关的案件无法及时得到推进，附带民事诉讼的要求无法及时得到实现。刑事缺席审判的确立有助于应对单一对席审判无法满足的情形，对对席审判起到补充和完善作用，增加刑事诉讼体系的灵活性和丰富性。

第二节 刑事审判中大数据证据的运用

一、大数据证据的属性

可以用于证明案件事实的材料，都是证据，因此，大数据及其分析报告也可以作为刑事证据。"大数据证据浸润在数据社会这一外部环境当中，同时又因机器学习的内部技术原理而呈现出以电子数据为表现形式、以专家证据为证据内核的证据属性。这决定了大数据证据的审查，一方面要根植于电子数据的规则传统进行证据鉴真，另一方面要对机器学习的源代码进行可靠性评估，以完成大数据证据的相关性判断与可靠性评价。"[①]

证据类型及证据地位是为了对应证据审查标准而人为地依据信息存储载体不同而作出的划分，在人们的观念中，最初"书证"被认为载体是纸张，"录音录像"的载体是磁带、胶片。鉴定意见、勘验笔录既可以是纸质报告，也可以是纸质报告拍摄后形成的照片，但是为了区分其制作主体的特殊性，将其从以记载内容作为证明的"书证"概念中独立出来。以上几类证据在最初其信息与载体是互为一体的，但客观现实更加复杂，新的证据类型——电子数据出现了，电子数据的信息内容本身可与存储介质相独立，与各种证据类型都存在着关联之处，传统的证据类型界限已经逐渐模糊。

由于大数据刑事证据尚属于新领域，对于大数据的类型和地位目前尚没有统一的定论，因此，不能仅因大数据专业技术性强、难以为普通人所认识而否认其作为证据的一种形式。大数据作为证据，能否被法庭采信、用来作为定案依据，就需要讨论大数据的证据属性。传统证据理论认为证据一般具有真实性、关联性、合法性。只有满足证据属性的材料才是可被法庭采纳的证据。大数据与传统证据存在相似之处，同时也存在新的特性。

（一）大数据的关联性

大数据信息之间的交互性更为复杂，数据之间的直接关联程度更为隐蔽。数据采掘中的关联性分析技术可以发现不同数据项之间的关系，能够将一些隐含的，甚至常理无法理解的关系找出来。在微观层面，大数据只能停留在数据互相关联的层面，宏观层面数据所反映的客观现象的成因需要依靠人的理性能力给出解释。用于认定案件事实的证据，其相关性则强调法律人的生活经验和理性逻辑，必须具备因果关系。无法解释因果关系的大数据证据缺乏证明力。

大数据除了需要满足数据上的关联性，还需要满足数据与案件的关联性，才可作为认定案件基本事实的证据。通过采掘海量电子数据形成的大数据分析报告一般为一份或几份文书，使用起来更具可操作性。大数据分析过

[①] 卫晨曙. 论刑事审判中大数据证据的审查［J］. 安徽大学学报（哲学社会科学版），2022，46（02）：77.

程是一个对事件间引起关系、因果关系抱有期待的相关性研究，传统证据理论的相关性要求比大数据分析的相关性要更高。因此审查大数据分析报告所证明的内容应当符合人类经验逻辑上的因果关系。

大数据处理技术可以帮助人类突破经验性认识上的局限，从而使得案件基本事实和争议焦点更加完善。认识把握客观事实的过程，必须充分尊重人的理性能力。"让大数据说话"其根本目的还是为了证明待证事实，因此，构成大数据的海量电子数据必须与案件具有因果关系是大数据与案件具有关联性的内在要求。

在刑事审判中对证据关联性常见的抗辩有黑客入侵抗辩、计算机病毒感染抗辩、他人使用抗辩、盗用抗辩、技术中立抗辩等，这些抗辩都试图否认案件中的电子数据与当事人的行为之间的关联性。以往针对单一电子数据否认刑事案件结果系被告人自身行为所致的关联性抗辩依然适用于大数据，构成大数据的基础海量电子数据一般与案件实质性问题没有直接的关联，如果按照传统证据规则，这些海量电子数据由于证明价值密度极低，无法借助传统技术手段和思维逻辑发现其中的关联性，无法对案件事实的证明起到帮助作用，而被认为缺乏关联性进而被法庭排除。但是对这些海量电子数据通过数学建模，通过关联信息自动匹配，借助信息技术手段处理，能够发现这些松散数据背后的客观规律，这些规律与所要印证的案件问题却是存在关联性的。大数据的这种双重属性，和以往任何一种证据类型相比都显得十分"个性"。

（二）大数据的合法性

调查手段不合法会导致极其严重的后果，大数据时代，更会加重这一危机的产生。就大数据的合法性问题的研究，包括以下方面：

1. 运用大数据证据目的应具有正当性

大数据的目的专用性是指大数据在获取、分析过程中必须用于追诉、审判刑事犯罪目的，不得用于其他目的，大数据只能用于个案调查，未经严格批准程序不得用于其他案件。大数据的目的正当性是指不能仅为证明被告人有罪而运用大数据，不能仅筛选有罪数据，也应当运用大数据证明被告人无罪，应当对无罪数据予以采掘。大数据包含着众多公民的个人隐私，因此大数据的用途和目的必须正当合法，这样才能使得打击犯罪与公民合法利益相契合，否则以一种侵害公民合法利益的行为去救济另一种公民的合法利益，不仅徒劳，而且更容易引发公众对司法机构的不信任，侵损司法公信和威严。

大数据分析报告的合法性与构成大数据的海量电子数据合法性存在差异，电子数据合法性与真实性紧密相连，一般着重强调电子数据查封、扣押、保管流程的操作合规性，而大数据分析报告的合法性还应当侧重审查数据利用目的的正当性。

2. 采用大数据证据手段应具有适当性

比例原则是行政法中的一项重要原则，是指行政主体对具体行政事务的裁量斟酌以通过最低程度损害公民合法利益实现行政目的。与此理论相通，在刑事审判中也应当着重审查大数据证据的运用是否符合比例原则，其核心是审查大数据采集和保全过程中的手段是否适当。大数据包含个人信息种类繁多、涉及公民群体人数众多，对于涉云大数据的介质扣押波及影响面大，因此不违反适当性原则才是符合宪法要求的。在非自诉案件中，司法机关在运用公权力获取数据时必然要采取扣押、冻结等手段，这可能导致正常合法的用户或网络服务提供商遭受损失，因此应当注重比例原则，采取最小侵害公共利益的手段，特别是云上取证，应防止因调查本身的过度造成合法权益侵损的扩大。

3. 大数据访问经过法定程序准许

程序合法，指大数据侦查过程中批准令状手续完整齐备。司法机关要求私权主体配合必须经过法定程序批准并向其发出命令，如果涉及技术侦查，必须经过严格的审批程序。

4. 司法人员对大数据负有保密与销毁义务

大数据证据一般同时出现在涉网案件中，对于网络证据的收集，网络运营者应当为公安机关、国家安全机关依法维护国家安全和侦查犯罪的活动提供技术支持和协助。大数据的持有方一般为网络服务提供商和电信运营商，而《中华人民共和国网络安全法》规定网络服务提供商和运营商负有无条件配合司法机关调查取证的义务，否则将受到行政处罚及司法制裁，因此在法律层面，司法机关并不存在任何获取大数据证据的障碍。而大数据则牵扯大量不特定公民的个人隐私，因此，对于涉大数据刑事案件中公民合法权益的保障着重点在于司法机关及工作人员能否切实履行对大数据的保密和销毁义务。

在纪律监察规范性文件中也有对履职过程中公职人员侵犯公民个人隐私予以行政处分、纪律处分的规定，在司法人员职业道德规范性文件中，对侵害公民个人隐私的处罚方式和处罚强度作了细化规定。司法机关对于公民个人隐私、商业秘密的保护义务，主要体现在获取涉案信息后履行保密、保管、专用以及销毁的义务上。

5. 用于大数据采掘的对撞数据库应来源合法

对扣押的原始存储介质或者提取的电子数据，可以通过恢复、破解、统计、关联、比对等方式进行检查。其中"统计""关联""比对"其实就是大数据分析常用的方式。数据收集渠道决定着数据的可靠度，对于构成大数据的海量电子数据所获取的渠道的审查，也是对大数据合法性审查的应有内容。对于数据关联、对撞所用的相关数据库，应当是在案件侦查过程中提取到的数据源或已有的权威来源（如公安人口信息库、指纹库、机动车号牌库等），不应当使用非法或未知来源的数据库，比对数据源应当选择合法权威的数据库。

尽管大数据技术理论上具有容错性，但构成大数据的海量电子数据集合中极个别数据因为侦查人员的误操作而发生篡改，在逻辑上必然会产生一种质疑：这样的电子数据还是否能够获得符合客观事实的大数据分析报告。大数据分析报告产生过程依赖于人工智能，对撞、关联所用的参照数据源的合法性和数据清洗过程和操作过程的合法性。官方权威的数据库作为对比数据库进行数据对撞后，所得到的结果的真实性、完整性才有保障，如果对比数据源是非法的，获取的方式是非法的，极容易导致大数据分析报告无法客观应然地证明案件基本事实，非法的对比数据源必然造成大数据不合法。

（三）大数据的真实性

海量电子数据真实性通过数据完整性的审查与合法性紧密关联，构成确认可采性的前提，因此侦查机关还必须严格遵守电子取证的有关司法规范。法院审查电子数据介质的封存状态、取证流程的程序规范程度也是对证据合法性的判断。

大数据证据必须满足双重真实性，既包括构成大数据的海量电子数据的真实性，又包括大数据分析报告的真实性。电子数据的真实性，是指构成大数据的每一条电子数据是客观真实存在的，未被伪造或污染，保持着犯罪现场或远程勘验调取时最初的状态，在完整性的基础上，这些数据还需要满足数据与数据之间不存在矛盾，数据与客观现实不存在矛盾的要求。

大数据分析报告的真实性，其在大数据完整性的概念上，还要求大数据分析报告是基于目标海量电子数据分析得到的，即海量电子数据集合与大数据分析报告之间具有唯一的对应关系。否则大数据分析报告就并非对目标海量数据集合的宏观表达，也就失去"让数据说话"的功能，无法作为认定案件事实的依据。

虽然大数据体量庞大，但在刑事审判中，与大数据挂钩的只有三个类型的案件：①与资金流水有关的案件，如网络赌博、非法吸收公众存款、电信诈骗。这类型案件大数据主要运用在资金流向、犯罪组织结构分析上，数据类型多涉及银行账号及交易记录；②与身份信息有关的案件，如侵害公民个人信息，这类案件大数据主要运用于识别主要受害人群、信息泄露源头、信息条目数量。③与内容主题有关的案件，如侵犯著作权罪，一般以特定的电视剧或文字作品在全网分布存储、渠道传播情况为主要内容。

不同类型案件中，大数据发挥着不同的作用，对不同类型的案件定制相应的大数据采集、标注、分析标准，有利于法院对同类刑事案件的证据审查。如对非法吸收公众存款类的资金性犯罪，构建统一的数据抓取、分析标准，能够通过计算机技术自动对资金流水进行梳理、核对、确认资金流向、锁定资金池账户，从而数据可视化出犯罪集团的组织结构、主要成员、主要受害者，对于著作权犯罪案件，对视频资源网站、云存储服务提供商建立统一的标记采集标准,能够快速生成涉案作品的传播链条,有助于锁定泄露源头和主要传播者,将大数据真实性审核在诉讼活动流程中前置化不仅能够提高侦查效率,还能够提高整体审判活动的效率。

1. 构成大数据的电子数据应具有完整性

大数据本身蕴含着价值,但如何有效解读并在司法证明上带来"看得见、信得过"的证明效果,既需要理念上的改变,更需要大数据、人工智能技术上的开发应用。刑事诉讼法将电子数据增设为法定证据种类。刑事案件事实的查明依赖于诉讼证据,作为诉讼证据类型之一的电子数据具有数字化、可精确复制化、可移植化的特性,电子数据的原件与复制件的信息结构和信息内容没有区别,只是在存储介质中的电子微观物理空间不同。

电子证据一经收集就需要保存才能在刑事审判中使用,保存是维护和保护潜在电子证据的完整性和原始状态的过程手段,这意味着需要以安全的方式传输并存储大数据,以防止遭到篡改,还需要记录保管链以证明操作过程本身并未对大数据造成污染,为了防止固化后的数据遭到破坏或泄露,还需要限制授权人员访问证据。

通过对取证过程的形式审查,可以推断出大数据的取证程序的合法性。对于电子数据的保全,我国目前以一并扣押存储介质为原则,以无法扣押而仅保全数据为例外。无法扣押原始存储介质并且无法提取电子数据的、存在电子数据自毁功能或装置的、需现场展示、查看相关电子数据的,可以采取打印、拍照或者录像等方式固定相关证据,能够扣押原始存储介质的,应当扣押原始存储介质;不能扣押原始存储介质但能够提取电子数据的,应当提取电子数据。

2. 构成大数据的电子数据应具有客观性

大数据的可靠性由两要素构成:大数据证据客观存在性、大数据证据完整性。大数据自动进行的对比、关联、碰撞,其实是在微观层面对旧有松散的数据重新排列组合,使其宏观成为规整有序的数据集合,进而有利于数据牵连关系的发现,因此大数据继承了电子数据的客观性。传统办案过程中面对海量数据往往选择抽样分析法,科学地选取部分的样本进行检测后来反映整体的情况，样本大小和取样方式决定着预估结果的可靠程度，而大数据直接对全局数据进行统计分析，因此在数学统计预估的可靠性上优于抽样检测法，大数据统计分析只是改变了对数据分析处理方法，但并未对大数据本身这个数据集合作出实质性的改变。

二、大数据证据在刑事审判中的审查运用建议

（一）对大数据关联性标准不统一的建议

1. 通过大数据证据平台予以保全

实践中对易销毁易灭失存储介质中的数据强制写入永久性存储器后应当由侦查机关上传大数据平台，上传人员对上传数据的真实性负责，大数据平台对上传人员、上传时间、上传数据的完整性校验值形成操作日志，通过大数据证据平台对易灭失数据进行保全，刑事审判后续环节判定有关数据与案件不具有关联性，通过大数据证据平台统一销毁，避免事前难以补正事后忘记清除的问题。

2. 通过区块链对大数据展示，进行关联性质证

我国的香港、澳门、台湾以及美国、英国的法律规定控方没有尽到证据展示义务的，法庭有权将这些证据予以排除。因光盘容量有限，已经无法适应大数据时代高容量特点，因此控方可以提供更一般化的载体，方便证据的出示，由于大数据涉案证据材料较多，在庭前会议中应当要求控方对离线大数据分析情况予以展示或演示，要求侦查机关提供操作、演示录像及说明，证明其大数据分析结果客观存在，以防止因控、辩、审三方对证据缺乏亲历性而无法对证据的关联性作出判断。

大数据一致存在不能完整、恰当、准确地展现证据内容的问题，司法机关针对此问题已经积极与大型信息技术公司合作，使用区块链作为主流示证方式，通过区块链技术规范数据存证格式，使用区块链浏览器进行示证。区块链浏览器可以查看当前通道区块数量、交易数量、最后一个区块的 Hash 值、区块数据提供方、上传时间等信息。在涉及金融、信息网络财产犯罪案件中，区块链系统直接对接金融公司的底层业务系统，大数据可以直接从源

头获取，区块链服务提供商通过电子签名技术将数据提供方的身份信息与大数据绑定，使用区块链浏览器能助力对大数据关联性的审查。

3. 通过大数据证据平台，解决数据展示不充分的现象

控辩双方存在着实质不平等，辩护方数据获取能力、调查取证能力本身就与控方相差悬殊，即便控方将所有碎片化的大数据全部"倾倒"，辩护方也会因数据分析能力、技术、设备远远落后于控方而无法"消化"这些证据而作出实质性的对抗，法院同样存在此类问题，这必然导致法官既无法"兼听则明"，也受客观现实条件束缚无法真正"自由心证"，使得审判对大数据的采信流于形式。

"大数据可视化"有利于将复杂的海量电子数据及其分析结果以一种便于理解的形式予以直观的视觉呈现，这种经过可视化技术所呈现出的证据材料如果没有专业的信息技术人员介入将很难判断其真实性、准确性。在法庭上出示大数据证据，通常要使用特定的软件或硬件工具才可实现。而这些工具并没有被广泛使用，司法人员及律师也往往缺乏相关专业知识，使得法庭对大数据真实性审查存在困难。人民法院、人民检察院因设备等条件限制无法直接展示电子数据的，公安机关应当随案移送打印件。大数据依靠打印移送材料已经不再符合现实。因此，诉讼参与主体都使用大数据证据平台对证据进行示证，解决了传统纸质档案难以高效存储、全面出示电子证据的问题。

(二) 严格大数据合法性的审查

1. 将证据合法性审查由庭审前置到侦查阶段

就大数据的关联性而言，针对刑事案件中三类常见的大数据处理模型分别设定关联性参数，使得侦查与审判对数据采集范围、采集标准的入口口径一致。对于调用平台上的数据，平台自动生成相关日志，记录调用人员及时间。对于重要登记数据，平台强制要求其填写操作目的，并对操作过程自动化录屏。对于非存档的数据，在刑事案件结案后，应当及时销毁有关数据，通过技术手段加强刑事审判中证据处理过程的合法性问题。

2. 公诉方应披露大数据对撞数据库来源

对于大数据分析过程中所使用的数据源应当作出说明,不能说明或明显不合理的,对其大数据分析报告应当予以排除。当前政府、司法机关各自拥有自己的业务大数据库,由于不同机关之间存在信息孤岛问题,彼此之间无法对数据源进行共享从而实现数据交叉互验、动态更新。在刑事审判中要求公诉机关说明所使用的大数据对撞数据库来源,不仅有助于审查数据对撞操作过程的合法性、数据对撞结果的可靠性,也有利于审查数据对撞结论的时效性和完整性,使得审判人员能够更理性地评价大数据分析报告的可采性。

3. 公诉方随案移送大数据分析报告

我国刑事诉讼结构中,检察院既承担着刑事公诉职能,又承担着对刑事诉讼的国家监督职能,因此,公诉机关既要出于追诉目的核实侦查机关提供的证明被告人有罪的证据,同时又要收集证明被告人无罪的证据以保障人权防止冤假错案,但实践中公诉机关往往基于内部绩效考核嘉奖升职评价标准而更多地倾向于证明被告人有罪,对于被告人无罪或罪轻证据往往不予收集,因此为了平衡诉讼结构,应当要求公诉方提起公诉的同时随案移送辩护律师对大数据分析报告的意见,以辩护律师的介入加强对被告人合法权益的保护,对于涉及大数据的刑事案件,犯罪嫌疑人在审查起诉阶段未委托辩护人的,进入审判阶段后法院应当为被告人指派辩护律师。

4. 对存储设备扣押必要性进行审查

法官应当对存储介质扣押的必要性作出审查。云环境中,网络运营提供商实际最终控制着所有用户的数据,在此情况下,如果通过剥夺用户管理权限进行远程勘验获取到证据,就不必要将整个网络提供商的物理存储移出网络环境,对于查封扣押的服务器等存储介质,要根据所有者主体的身份、设备是否为网络基础关键性设施、扣押可能影响正常用户的范围大小、网络提供商是否具备配合司法证据调查的应急响应机制等因素审查保全措施必要性,对于没有必要继续扣押查封的存储设备法院应当及时解除保全措施。法院应当建立网络提供商权利救济机制,对于查封扣押的网络设备,运营商可就其必要性提出异议,对异议不服可向上一级法院申请复核,通过制度设计实现以最小比例侵害网络用户正常的合法权益的目标。

5. 大数据保密与销毁情况应附卷存档

在大数据案件中公民权利保护的问题上，法官应对公权机关是否对大数据尽到保密、专用、销毁、恢复原状等义务进行形式审查，有关流转、说明和批准材料应当记入卷宗，当审判活动结束，除必须存档备查的数据允许保存外，其他备份数据应当进行严格销毁，所扣押的相关存储设备等也必须退回，设备所有人收到退回设备后出具回执，回执也应当附卷存档。通过程序形式完善司法人员对大数据保密、销毁义务的审查。

（三）加强对大数据真实性的审查

1. 对大数据真实性进行双重审查

大数据的本质是海量电子数据，因此对于大数据的完整性的审查，一方面要审查这些海量电子数据的完整性，另一方面，还要审查大数据分析报告是否被篡改。对于构成大数据的海量电子数据的完整性，国内外公认的判断方法是审查其完整性校验值是否一致。完整性校验值，是指将目标电子数据二进制代码分割成规整长度的数据并进行散列函数运算，对电子数据分片求解每段数据的唯一的函数特征值，叫作散列值（或哈希值、数字指纹），在中国法律及司法解释中称之为"完整性校验值"。当数据发生篡改后，其对应的哈希散列值也会发生变化，因此利用这个特性可以核对电子数据是否与"原件"一致。

区块链及电子签名技术均基于完整性校验值的原理实现对电子数据完整性的担保。区块链技术，就是将电子数据的完整性校验值通过智能合约分布式网络快速并发存储，以防止电子数据或电子数据的完整性校验值被篡改。电子签名，就是第三方认证机构对用户身份实名认证后，通过加密运算，将用户身份唯一识别代码与上述电子数据完整性校验值相互绑定，从而在技术上实现用户对被签名数据的担保与认可，当电子数据发生篡改，电子签名也就失效。因此，区块链技术和电子签名技术同样可以验证电子数据完整性。

针对大数据分析报告的呈现类型应适用不同的审查方法，如果大数据分析报告是纸质报告，那么适用书证审查方法即可，如果大数据分析报告也是电子数据,那么依旧要审查该电子报告的完整性校验值前后是否一致。总之,在刑事审判中应通过对电子数据和大数据分析报告的双重审查,来确定大数据的完整性。

2. 建设统一大数据证据平台,保证大数据真实性

应要求运营商提供与涉案大数据真实存储环境和技术相同的独立、无干扰的云平台,用于证据的提取、保存、解读、展示、核验。为此应建立跨运营商数据统一安全传送平台,使得不同运营商能够在线无缝对接其业务平台上保全、备份的涉案数据。在民事领域,杭州互联网法院采用蚂蚁金融区块链技术,全球率先启用了司法区块链存证示证。北京互联网法院采用了百度区块链技术。两家民事法院就是通过区块链技术联合第三方证据保全机构,以开放式统一的信息接口实现跨平台跨企业信息互相备份防篡。

对于内容集中存储在同一运营商提供的云环境的大数据,大数据运营商不仅对大数据的存储环境拥有最终控制权,并且掌握着大数据存储环境的底层技术,能够提供仿真用于证据的展示与审查的环境。司法机关下达证据保全令状后,对于云端大数据,大数据运营商可以按照协作要求迅速对有关账户冻结并对涉案大数据快速容灾式全面备份,从而防止被告人对数据的篡改或毁灭,更避免了因司法机关调取而关停有关服务器导致正常访问用户受到影响的问题。

对于存储在本地的大数据,大数据运营服务提供商能够提供服务器等存储备份的应当提供,不能提供的,由司法人员按照离线电子数据有关规范进行证据保全。对于资金型大数据,银行、第三方支付机构、电子商务平台应当直接从业务系统直接导出有关电子交易流水信息,提取过程应当由司法机关派员监督或远程全程视频监督,并要求数据持有方提供规整数据存储格式的说明。业务系统具有容灾备份功能的,进行最新的完整备份或增量备份后提交备份件。民事领域中电子数据及大数据的积极试水,能为刑事领域证据处理提供良好的借鉴,例如支付宝公司的资金数据已写入蚂蚁区块链,并且蚂蚁区块链节点加入了公证处及杭州互联网法院,京东接入了百度区块链,并加入了北京互联网法院节点,这些大数据持有机构的交易信息通过技术已

经无篡地受到保护，在未来，通过统一证据平台得到提取并不存在技术上的阻碍。

对于内容分散存储在不同运营商提供的存储环境中的大数据，应当要求涉案运营商对涉案账号的数据各自进行容灾式备份，并通过统一平台传送备份信息。对于未接入统一平台的，应当下达司法令状责令其提供数据访问支持。

3. 对大数据分析报告监管链进行形式审查

大数据作为新兴证据形式，具有电子数据的脆弱性，同时也因多存储于云环境中而具有分散性，对于大数据与案件关联性，在刑事审判中应当注意运用补强证据规则，对于大数据分析报告无法与其他证据相印证的，不得作为定案依据。

构成大数据的海量电子数据应当具备完整证据链、监管链，对于大数据分析报告，其应当具备完整的监管链，让补强证据在监管环节缺失的情况下发挥证明作用。对于大数据是否被篡改，可以借助电子数据完整性校验值、电子签名、区块链、可信时间戳等补强证据，使得法官能够对大数据的完整性形成自由心证，对于可靠性，应当着重审查由海量电子数据生成大数据分析报告过程的严谨性和合理性。

4. 对欠缺监管链的大数据分析报告应予以排除

当前刑事审判中对证据非法排除主要适用于证人及被告人遭受严重的肉体和精神折磨而产生的言辞证据，法官对非法证据排除适用非常谨慎，对证据是否采信的关键考量点在于非法取证行为是否已经严重到影响证据的真实性，大数据经过数据采掘形成大数据分析报告，大数据分析报告的真实性取决于大数据分析过程，因此缺乏监管链的大数据分析报告不仅存在合法性质疑，更难以证明大数据的真实性，因此应当将无法证明真实性的电子证据予以排除。

5. 对大数据清洗的必要性进行形式审查

（1）作为大数据基础的海量电子数据，其本身的可靠性必然直接决定着大数据分析报告的可靠性。在统计学中，抽样调查的样本的真实性和样本容量的大小决定着统计结果的科学性,决定着统计结果所要反映事实的可靠程度。与抽样调查"以偏概全"完全相反,大数据是以全量参与的,其通过对所有数据的分析,来得到其中共同存在的某一联系,这种联系比单一数据具有更高的证明价值。因此,海量电子数据相对于大数据分析报告来说,本就存在很多"垃圾"数据、虚假数据,大数据分析过程中通过关联可以发现这些"异常数据",就如同线性回归统计学,绝大多数样本总是散落在线性周边,而偏离线性太远的数据一般是异常数据被排除一样,大数据同样具有这种功能。但是,大数据的容错度到底有多高,虚假数据达到怎样一个占比后,大数据总体的分析结果就会出现背离客观事实的错误,在不同的证据不同的案件中,这个比值是不同的。因此,只有尽可能保证基础的海量电子数据的可靠性,才能更加确保大数据分析报告的可靠性。

(2)数据量庞大、类型繁杂、密度价值低的大数据中往往包含着许多无关信息、伪造信息、虚假信息。大数据分析报告是在大数据基础上获得,其过程并非纯粹的机器运算与分析,还包括人对冗余、虚假、无效信息的剔除。而标注需要提出的数据必须有其他确凿的证据予以否认,操作人员应当说明剔除了哪些数据或哪些类型数据,剔除依据是什么,所依据的证据是否可靠,从而对大数据分析过程中人工操作的可靠性进行审查。

6. 对含计算机病毒及自毁程序的大数据应予排除

侦查人员应当分权处理大数据,对于含有计算机病毒及自毁程序的大数据,应当由具有反病毒资质的技术人员予以提取、保全并出具处置建议,由对大数据进行采掘的人员对有关危险程序信息予以隔离、剔除并制作操作报告。刑事审判中对于缺乏处置建议及操作报告的大数据及分析报告应当予以排除。此类大数据由于被告人对数据管理不善而感染计算机病毒或被告人已经设置了证据毁灭程序,此类危害程序会对大数据完整性构成严重妨害,应当予以清除,但清除危害程序的操作本身处理不当、监管不到位,则必然影响到大数据的真实性,因此应当对含有危害程序的大数据额外审查清除危害程序操作本身是否具有严格的监管链条、所清除的危害程序是否具有必要性。

7. 对大数据分析报告所采用的技术方案进行形式审查

对大数据分析报告所运用的技术应当进行测试，审查技术本身的可靠性。技术方案验证是将该技术应用于已知真实结果的测试，并将该技术方案的输出与已知真实值进行比较，来评估技术方案的准确性，进行多次测试，以查看同样技术测试结果的相似程度，从而确定该技术方案的精度或可靠性。大数据分析报告是对海量电子数据运用一定的数学模型分析采掘后得到的，对于大数据分析报告的可靠性，需要对分析过程进行审查并加以判断。如同司法鉴定一样，对于大数据的分析过程需要依靠一定的科学方法、步骤才能实现。

法官往往是非专业人士，对于大数据分析报告形成的路径、方式、操作方法等的分析，需要借助专家，现有的鉴定、勘验、侦查实验等都能提供较好的解决方案。而当前对于分析过程所采用的数学模型、编程算法是否可靠，缺乏权威部门的检验和认证，而在实际案件中，控方也未向法庭提交对该模型所进行过的黑箱、白箱测试数据、结果及测试方法，使得法庭对大数据分析报告所得出的结论是否正确缺乏足够的信赖。杂乱、低价值的电子数据能够通过大数据分析报告清晰反映出所要证明的事实，能够使庭审更顺畅、高效，但刑事审判如果仅采用大数据分析报告，而放弃对原始数据与分析报告间转化过程的司法监督，是一种极大的危险。

为了判断大数据的可靠性、查清案件事实、降低司法审查的难度，对有确切技术标准依据的应当对其是否符合标准委托司法鉴定，也可采用经过权威机构、中立第三方机构担保的程序和模型，以减少因过程错误导致大数据分析报告失真的可能，并同时便利司法裁判。

在没有审计机构对大数据分析报告所依据的数据处理技术进行评估认证的情况下，应优先采用已公开的编程算法，并要求控方说明所使用的大数据处理技术，对于确实因涉及企业知识产权而不适合公开代码、算法或技术方案的，应组织专业人员进行黑箱测试，要求控方随案移交对大数据处理的说明，并提供处理技术、方法可靠稳定的测试报告，法官应当对这些报告进行形式审查。

对设备、软件参数的设置而言，如果这些信息由于疏忽或恶意而进行操作，其所产生的结果必然缺乏可信度，因此，应当加强对海量数据分析报告操作日志的审查。应当随案移送操作过程及说明，尤其应当对原始数据删除、增加、变更、确认的理由、操作步骤及参数变量的设置有明确的记录，否则对大数据分析报告应不予采信。

第三节 刑事审判中智慧司法系统的合理运用

司法智能化是对既有的司法裁判进行概率建模，归纳出能够体现同类案件处理的共性与标准的司法要素，辅助法官办案。"司法裁判并非单向度的推理，它在本质上是一种向着普遍实践论证开放的复杂活动，即向着道德、伦理和实用性理由开放。"[①] 智慧司法系统基于司法裁判的特性，以海量数据为基础，将类型化案件的裁判规则予以总结提炼，使用技术语言表述法律语言，通过归纳经验、编写算法，实现类型化案件的自动化处置。智慧司法系统是当代司法领域引入人工智能的最新尝试，也是司法改革向纵深发展的必然要求。

一、智慧司法系统的认知

（一）智慧司法系统的诞生

英国科学家图灵提出图灵测试，当机器能够回答人类的问题，而人类无法判断回答问题的对方是人或是机器时，就能说机器具有了人工的智能。人工智能的发展吸引了无数科学家倾注心血，机器学习的速度和智能化程度不断提高。各行各业都通过将人工智能引入，提高生产效率，改进生产质量。在人工智能辅助人类生产生活的大背景下，智慧司法系统应运而生。

1. 国外智慧司法系统的诞生

国外智慧司法系统的起步可以追溯到20世纪70年代，当时美国学者开

---

① 马靖云. 智慧司法的难题及其破解[J]. 华东政法大学学报，2019，22（04）：110.

始探讨人工智能与法律推理的结合。这一时期标志着人工智能技术在司法领域的初步尝试和探索。其中，1987年举办的首届国际人工智能与法律会议（ICAIL）是一个重要的里程碑，为学术界提供了一个交流平台，促进了人工智能与法律领域的合作与研究。

随着国际人工智能与法律协会（IAAIL）于1991年的成立，这一领域的研究和发展得到了更多的关注和支持。IAAIL的成立标志着人工智能与法律的结合已经成为一个独立的学术领域，并为未来的研究奠定了基础。此外，专业的学术期刊《人工智能与法律》的创立也为学者们提供了一个发表研究成果的平台，促进了学术交流和合作。在接下来的几十年里，美国等国家依托世界一流大学的研究机构、专家教授以及领先的法律科技公司，不断推动人工智能技术在司法领域的应用和发展。通过机器学习、深度学习等技术手段，这些国家研发出了相对成熟的人工智能法律系统，实现了对案件的自动化处理和裁决。这些系统的出现，为智慧司法系统的发展奠定了坚实的基础，也为全球智慧司法系统的发展提供了宝贵的经验和借鉴。

2. 国内智慧司法系统的诞生

国内智慧司法系统的起步相对较晚，在中国，智慧司法系统的起步可以追溯到政府提出深化司法体制改革、建设"智慧法院"的倡议。这一倡议的提出，标志着中国政府开始重视人工智能技术在司法领域的应用，并将其纳入国家发展战略的重要组成部分。

随着中国在人工智能领域的快速崛起和政府政策的支持，各地法院系统开始陆续研发具有特色的人工智能司法办案系统，并逐步推广应用。这些系统的研发和应用，使得中国的智慧司法系统逐渐走上发展的快车道。通过编程语言构建智能化系统，实现对案件裁判规则的总结和提炼，使得案件处理更加高效和规范。智慧司法系统的引入，弥补了人类法官个人认知的局限，限制了裁判的随意性，提高了司法活动的科学性和公正性。

此外，中国政府在推动智慧司法系统发展方面也发挥了重要作用。通过发布相关政策文件和推动智慧法院的建设，政府为智慧司法系统的起步提供了政策支持和指导。例如，最高人民法院院长周强首次提出建设立足于时代发展前沿的"智慧法院",并印发相关意见指引法院管理信息系统的智能平台建设工作。此外,国务院也发布了《新一代人工智能发展规划》,其中提及智慧法庭建设,要求建设集审判、人员、数据应用、司法公开和动态监控于一体的智慧法庭数据平台,促进人工智能在司法领域的应用。

（二）国内智慧司法系统的发展

在国外人工智能司法研究如火如荼发展的同时,中国国内发展也在快马加鞭,追赶发达国家的脚步。司法系统因政策推动和司法改革而不断加快将人工智能引入法院工作的进程。在短短的几年时间里,我国的智慧司法系统建设取得了较大发展,其原因是多样的。

1. 顶层设计的支撑

从顶层设计的角度来看,我国司法智能的迅猛发展主要归功于对科技创新在司法领域的高度重视。自党的十八大以来,习总书记一直将创新置于国家发展战略的核心地位,特别关注并强调科技创新的重要性。在多个场合,他反复强调人工智能的关键作用,并提出了"没有信息化就没有现代化"的重要理念,逐渐将人工智能的发展提升到国家发展战略的层面。在党的十九大报告中,人工智能成为关键词,强调要"推动互联网、大数据、人工智能和实体经济深度融合",同时提出了"提高社会治理社会化、法治化、智能化、专业化水平"的目标,以推动全面依法治国、深化司法体制改革,实现依法治国的实践以及司法体制综合配套改革。随着顶层设计文件的不断发布和司法实践的发展,人工智能相关政策和研究正迎来爆发期。我国司法工作逐步步入人工智能时代。

在人工智能高速发展的时代背景下,司法机关因政策和技术的支持而受益匪浅。在信息科技不断发展的助推下,司法机关在推进法院现代化建设、深化司法体制改革的过程中得到了人工智能的有力支持。通过技术与实践的紧密融合,司法治理体系和治理能力得到不断提升。在新的历史时期,人民群众对司法效率和司法公平有着更高的期望,而司法机关也将以更积极的态度做出回应。将人工智能引入法院是实现国家治理体系和治理能力现代化的必然选择。

2. 长期实践的累积

我国司法系统在智慧司法建设正式推进之前，已经在信息化建设方面取得了实质性进展，为智慧司法的实现创造了现实条件。在中央的要求下，全国各地的司法机关坚实地推动了信息化建设，为后续的智慧司法建设奠定了坚实的硬件基础。全国范围内的法院都积极进行信息化建设，这标志着司法与技术初步融合的尝试，也实现了法院基础设施的基本现代化。各法院普遍设立了门户网站，法院工作人员也熟练运用计算机，开展信息记录和文书流转工作。最高院设立的裁判文书网投入使用，统一公布全国各层级法院的生效裁判文书，为各地法院的裁判提供了重要参考。办公自动化和审判公开化的逐步实现，使得技术应用的思维深入到每一位司法从业者的心中。

随着我国提出深化司法体制改革、建设"智慧法院"的要求，各地法院系统根据辖区司法实际和工作需求，陆续研发了各具特色的人工智能司法办案系统，并从试点逐步推广应用，使我国的智慧司法实践走在了国际前沿。

3. 司法改革的需求

发展智慧司法是国家深化司法改革的迫切需求。司法被视为人类文明的理性之光，是人类归纳演绎推理的最佳产物。人工智能的运行模拟了人的思维过程，将其引入司法领域曾被视为最后禁区，面临着极大的难度和挑战。然而，随着经济社会的不断发展，人们迫切需要降低成本并提高效率。人工智能作为一种新工具已广泛应用于各个领域。

在我国司法系统面临逐渐增长的诉讼案件数量和有限的法官资源的双重制约下，发展智慧司法成为解决这一矛盾的迫切需求。司法是如何进一步释放活力、提高生产力的关键问题，尤其在新的历史时期。面对提升司法效率的刚性需求，我国司法领域及时引入了智慧司法的概念，以满足迫切的司法需求。

回顾人工智能与法律相结合的历程，是不断解放生产力、促进生产力发展、激发司法创新活力的过程。在司法领域引入人工智能是提高司法文明程度、激发司法活力的必然选择。这也是我国推进司法改革、构建司法文明的重要支撑，是不断完善和发展中国特色社会主义法治体系的必经之路。

（三）智慧司法系统的内涵

智慧司法系统是一种电子信息系统，是将人工智能引入司法领域的产物，具有高度的技术性。该系统由编程语言构成，通过程序员和工程师编写相应算法来实现机器学习和深度学习。在输入相应要求后，系统能够自动化地生成输出结果。此处所指的智慧司法系统是指各地区各审级人民法院使用的有助于法官判案、节省案件办理时间的计算机信息系统的总称。

智慧司法系统不仅仅是对大数据的采集、整理、传输、存储、安全、分析、呈现，而且通过神经网络算法、机器学习等技术处理手段，结合软件和硬件，对数据库中的海量数据进行处理。该系统需要运用多种技术，包括机器学习、自然语言处理、计算机视觉、自动推理和知识表示等。通过覆盖司法过程的全流程，包括随机分案、诉调对接、繁简分流、当事人远程补正证据、庭审笔录语音识别、智能案例推送、格式化案件自动生成判决书、自动生成电子卷宗、电子送达、裁判文书智能分析等功能，为法官提供全方位的智能化支持，促进司法审判公平正义的实现。

（四）智慧司法系统的特点

与传统的人类法官相比，智慧司法系统具有如下特点：

1. 内容全面

人类法官通常在法学院接受多年的法律专业教育，之后进入司法系统实习和工作，通过多年的辅助工作成为审判法官。这使得人类法官具有丰富的司法实务工作经验，但也导致了法官在法律领域的分化，对于常用的法律能够做到深入研究，而对于不同门类或不常用的法律法规难免存在疏漏。

人的学习能力是有上限的。不同的授课方式、接受能力、专业兴趣、生理激素周期等因素都会直接影响一名法官能够学习掌握法律知识的上限。大脑在一定时间内接受过量的知识会导致疲劳，出现"学不下去"的情况。这并非个别现象，而是由人的生理特性所决定。

智慧司法系统的数据库涵盖了国内各个时期的判决、所有法律法规和司法解释等文本。在提供裁判意见时，系统可以参考更广泛的范围，给出更科学的建议。相比之下，人类法官在学习过往法律文书时受个人理解能力和理解速度的影响，几乎不可能穷尽国内所有法律判决。智慧司法系统是电子信息系统，其数据库无存储上限，且录入方式多样，不同输入端录入后可共享数据，突破了人类学习的极限，使得生成的判决建议更为全面、更具科学性成为可能。

2. 建议有效

司法改革的一个方向是解决"案多人少"的问题，而提升司法效率自然成为现代司法改革的关键着力点。司法效率的高低直接决定司法资源是否能够更广泛地服务于公众，对相关人的司法权益产生直接影响。随着司法效率的提升，司法资源得以更加科学地分配，有助于更有效地实现司法公正。

过去的司法改革主要强调改进人的作用。例如，扁平化的组织管理和法院与行政机关的明确分工，上级法院指导下级法院以避免多层级审批导致的效率下降。此外，员额制法官的选拔也整合了法官资源，实现了资源的最大化运用。这些改革措施取得了良好的效果，但并未将法官从烦琐的司法实务工作中完全解放出来。

智慧司法改革很好地解决了效率问题。人的精力是有限的，一天处理一定数量的案件后，质量和效率会急剧下降。然而，电子信息系统不受此限制，只要有电和硬件支持，可以保持 24 小时不间断的高效运算。人在长时间工作后容易分散注意力，可能导致错误，而电子信息系统不知疲倦，不会出现走神或失误的情况。智慧司法系统能够真正将法官从繁重的事务性工作中解放出来，是提高司法效率的可行之道。

3. 同等判决

法官对案件性质的分析和分类主要依赖工作经验，尽管工作经验是最为可靠的，但也是最为不稳定的因素。通过经验对案件进行分类容易导致法官陷入先入为主的思维模式。法官可能凭主观喜好审视案件证据，将案件归类为其认为合适的范畴，然后再找出相应的法条来支持这一分类，以证明对被告的定罪和量刑是合理的。这种依靠经验分类案件进行定罪处罚的情况具有极大的不稳定性，受到法官的工作经验、学识水平，甚至当天的心情等因素的影响。这可以解释为何在一些二审案件中，被告可能会被改判为另一罪名或无罪的情况时有发生。不同的法官对同一法律法规的解释可能存在差异，适用时同样可能产生偏差。如果这种偏差没有经过被告人上诉或检察院抗诉等方式的救济，就很容易导致被告人受到不应有的刑事处罚。

相比之下，智慧司法系统具有稳定性，其稳定性得益于固定的硬件保障。智慧司法系统的数据库保存在服务器中，根据需要从数据库中检索数据，算法对检索到的数据进行运算生成结果，再通过固定的网线线路回传至用户端。与人类法官的区别在于，人类法官可能因为激素水平等多种因素而产生主观判断，导致可能偏向于做出对被告人不利的判决。然而，智慧司法系统由于其储存和传输的稳定性，确保了可预测性，最大限度地避免了同一案件不同判决的现象发生。

二、智慧司法系统与刑事审判

智慧司法系统在全国各地刑事审判中适用越来越普遍，各地司法机关均对智慧司法建设抱有极大的热情和积极性，投入大量人力物力用于智慧司法系统的实践。随着技术日新月异的发展和智慧司法系统在刑事审判中的使用，越来越多的当事人受到了智慧司法系统的影响。智慧司法系统对于刑事审判具有重要的辅助功能，对于实现刑事审判的公平与价值具有重要意义，实践中也已经证明智慧司法系统在一些刑事审判中发挥了重要作用，受到了普遍认可。圆满回答了将智慧司法系统这一新兴事物引入刑事审判领域的可行性问题，为刑事审判公平正义的实现提供正向助力，为本次司法领域的智慧司法建设发展开了一个好头。

（一）刑事审判对智慧司法的迫切需求

1. 对审判效率的考量

庞大的工作量使得法官的精力难以持续为继，难免出现办案质量下降，为办案速度抛弃办案质量的情况。各地法院法官所花时间一方面在分析案情，研究证据，更多的精力花在了数据录入，文书流转等琐碎的事务性工作中。通过在刑事审判阶段适用智慧司法系统，可以让法院工作人员在海量案件的压力下，从烦琐的事务性工作中解放出来，将精力更集中在分析案件证据情况、结合认定的事实形成判决上,实现司法资源的最大化利用,让"正义的奶牛产出更多蛋白质含量更高的牛奶"。

2. 对审判质量的衡量

各地判决尺度存在差异,因此需要一把公正的标尺来衡量判决的轻重,以防止裁判全凭个人好恶的情况发生。这样的标尺最为公正、可 24 小时不间断运转的是由电子信息系统提供。智慧司法系统依据已有数据库形成统一的证据标准,结合这一标准对每个个案的证据进行分析排查,及时指出存在疑点的证据,要求进行补证,及时发现并排除非法证据,从而高效地防止冤假错案的发生。同时,对于案件判决幅度,系统也提供相似的提示,为办案法官提供参考。当法官做出超出正常范围的判决时,系统能够及时发出预警,防止出现畸重畸轻的判决,避免法官裁判的随意性。

3. 对司法腐败的制止

智慧司法系统的上线要求全过程留痕。每一个证据和文书都要在线上流转,并永久地保留在服务器上。智慧司法系统的预警功能通过将录入系统的证据和文书与预设的标准进行比较,可以在出现差异时发出警报,实现对法官办案进行全流程的监控。对刑事审判的每个阶段进行实时监督比对,实现实时纠错和监督前置。线上操作保证全过程留下详细记录,为后续查询和追责提供依据,也使得腐败者伸手前多加考量。从而全面监督刑事审判进程,监督司法权力的使用,防止司法腐败的滋生。

(二)智慧司法系统在刑事审判中的作用

刑事审判要求人民法院居于中立地位,仅对公诉人及辩护人、被告人提供的证据进行审理,对已质证查明的案件事实负责,做出合法合理的判决。法官在审理过程中,不能因为被审判人的身份、职业、爱好等产生与案件事实本身无关的主观臆断,影响案件的公正判决。法官独立做出的审判,不受任何第三方的干预。智慧司法系统即是实时监督刑事审判过程的"数字司法女神"。智慧司法系统通过高效处理案件信息,提高司法效率,让法官有更多的时间去研究案件事实,形成完整逻辑链;通过提供判决意见,为法官裁判提供参考,弥补法官个人学识的局限性,限制法官裁判的随意性。

1. 处理案件信息

目前各地区使用的智慧司法系统中，一个主要的模块即智慧语音录入。在过去，庭审阶段要求书记员手动输入，逐字逐句记录庭审的内容。这一过程中存在一些问题：一方面，打字速度影响了判案速度。法官在书记员录入的过程中会实时查看，如果自己说得太快，书记员来不及记录，法官可能会刻意放慢速度，以迁就书记员的打字速度。另一方面，主观情感可能影响录入内容。书记员对案件性质有一定的把握，可能因个人好恶而对案件的走向有主观判断。在法官的刻意发问情况下，可能会委婉地表达，使得提问方式不显得尖锐，同时用主观的词汇录入被告人的回答，使得被告人因书记员的用词而处于有利或不利的地位。

以科大讯飞公司的智慧语音录入模块为例，其能够实现多语种录入，包括外国语和中国各地的多种方言，不会因诉讼参与人的口音或语系而影响录入。此外，该模块的响应速度平均值为0.5秒，能够真正实现快速响应、快速翻译，不会因人的打字速度上限而影响审判人员的审理速度。最后，智慧语音录入模块在录入过程中不会掺杂情感，不会掺杂自己的理解或概括，而是单纯的机械记录，实现审判过程的原汁原味记录。

除此之外，智慧司法系统还能提供其他服务，如精确匹配合适案例供法官参考、连接公检法数据自动评估当事人社会危险性等。为法官高效处理案件信息提供助力，使法官真正从事务性工作中解放出来，实现审判效率的提升。

2. 提供判决意见

在庭审结束后，法官对于案件的性质有了直接的认识，需要适用相应的法条，决定对被告人予以刑罚或者免于刑罚，判决无罪。这要求审判人员对于国家和地方颁布的各种法律、法规、规章、司法解释、指导性案例等有全盘的认知，以免在适用过程中违背从轻从重规定。法官在判断一个案件性质时，最初根据自己头脑里已有的记忆，即潜意识里的知识，进行先验判断。然后再按照认知的案件性质去分门别类检索相应的法律法规，力求实现法律法规的正确适用。法官分析判断案件性质需要自身长期工作累积的经验，检索法律法规则需要大量时间,导致审判期限延长至期限届满。实际上,这种分类及检索工作完全可以由智慧司法系统来替代。

智慧司法系统能够在短时间内检索海量数据,为法官判决提供更多的参考样本。在过去的判案中,法官结合现有案情,通过自身原有的知识储备对案件性质进行分析思考,之后查找相应的法律条款进行逻辑推演。使用智慧司法系统使得法官能更快把握案件性质,更迅速地适用最合适的法律进行判案,从而最大程度地节省司法资源。

三、智慧司法系统的合理运用

作为维护社会公平正义的最后一道防线,司法对于偏见与歧视具有天然的排斥性。在不断推进智慧司法系统在刑事审判中适用的同时,如何用好智慧司法系统以保障当事人权益,实现公平正义,成为当前"智慧司法"建设亟待思考和解决的问题。

(一)强化数据库建设

1. 扩大数据库抽样范围

提升智慧司法系统输出结果的质量需要尽可能多的数据进行训练。一般而言,涵盖样本的广度越大,就越能全面反映事物的真实情况。应该将可能影响裁判的全部材料纳入智慧司法系统的数据库,包括但不限于审判委员会的会议纪要、合议庭会议记录、法院的审结报告等。通过将更多的数据引入智慧司法系统的数据库,以充实算法逻辑的形成,使参与编写的程序员和工程师能够清晰理解适用此法而不适用彼法、判决刑罚轻重的原因。这样可以更好地理解判决,更好地将司法语言转化为技术语言。通过采用全部既有案例来对智慧司法系统进行训练,避免出现"一叶障目""管中窥豹"的情况,防止因数据选择偏差而导致算法不精确。

为了加强偏远地区法院的信息化建设,应该将这些法院中尽可能多的判决纳入数据库作为参考样本。将上述法院的裁判纳入智慧司法系统的数据库,一方面可以实现对案件判决质量的实时监控,引导不同地区法院在判决过程中做到规范,保证程序正义;另一方面,为研究不同地区的审判习惯差异提供参考实例,结合不同地区实际情况进行裁决,实现个案公平。同时,对于投入算法训练的数据,应当进行严格检测,通过采用数据挖掘等技术进行筛选,防止其存在各地审判中的陋习等与法律和伦理要求不符的价值偏见,并对偏见数据进行及时的矫正和清理,防止其"污染"算法。

2. 加强数据质量把控

对输入智慧司法系统的数据需要进行严格筛选。在证据的质证和法庭调查环节,需要对证据进行鉴真。在刑事审判过程中,要求公诉机关和被告人辩护人有证据质证的环节,法院可以依职权或依申请开展调查。使用智慧司法系统后,所有的证据都会被收集进系统,但为保障输出数据的质量,法官仍需在质证和法庭辩论环节发挥作用,进行人工梳理和分析,做好前期的非法证据排除,由法官决定哪些证据用于输入。

智慧司法系统本身仅对输入的数据产生直接影响。例如,刑事案件中由刑讯逼供产生的数据,智慧司法系统无法甄别,而仅仅对当事人陈述进行关键词摘取和分析,并生成相应的审判建议和适用法律。系统本身不会对证据的真伪性进行鉴真,也不会筛选删除不必要的已输入数据,而是会根据影响因素的大小机械地输出结果。在使用系统时,法院需要考虑是否存在算法疏漏,以及对公诉机关提交的来自智慧公诉系统的数据,是否因关键词字典相同而予以完整收录,或者对被告人提供的证据,是否因算法不能采集到相应关键词而影响证据效力导致败诉被追究刑事责任。这些都是法院在使用智慧司法系统时必须考虑和及时排除的因素。

3. 及时进行数据库梳理

智慧司法系统数据库构建完成后,应当实时开展数据库的清理和筛查。数据库是智慧司法系统的知识储备,为法官提供判决意见的数据来源。对于垃圾数据不及时清理,将对后续法官使用智慧司法系统辅助判决时造成误导。要根据时代的实际发展,结合法律法规的出台和废止情况,对智慧司法系统数据库进行实时清理。将不符合新的法律法规要求的案件、不符合社会新价值观念的案件从数据库中及时清理。

司法部门在委托第三方公司设计智慧司法系统时,可以预先就系统的梳理功能提出需求，由第三方公司设计相应的功能模块。这项工作可以在智慧司法系统内预先写入语句，即当适用的法律法规与现行的法律法规存在抵触时，系统自动预警，提示维护人员介入。对于数据库中部分不适合当前社会价值观念的案件，司法人员可以组成专门机构，记录社会生活的重大价值观转变，将变化及时提交给智慧司法系统的服务提供商，要求其及时将社会价值观转变以技术语言的形式进行转化。通过系统预设功能自动发现及成立机构人工发现，双管齐下，确保数据库的样本符合时代要求、具有参考价值，为法官判决提供正确的意见建议，保障智慧司法系统的刑事审判辅助功能的实现。

（二）严格算法审查

1. 出台算法审查的法律法规

智慧司法系统的核心在于算法，它决定了人工智能的决策程序、价值取向和未来发展方向。当人类将选择权和决策权委托给算法时，必然使算法成为监管的核心。

我国亟需对算法进行立法，强化人工智能的顶层设计，争取在人工智能发展中占据先机和制高点。应以算法为规制对象，制定法律法规，对算法设计和决策等行为进行约束和规范。立法的关键方面应该包括但不限于：首先是明晰算法的概念及应用范围；其次是制定对算法的审查规则；最后是将部分伦理规范融入法律规则，强调对算法设计者遵循社会伦理道德的法律约束力。通过加速推动算法伦理道德规范的制定，清晰划定算法伦理道德规范和算法法律的边界。

算法的保密性源自智慧司法系统服务提供商的商业机密。保密的算法可能导致公众对智慧司法系统产生不理解甚至怀疑的情感。为防止形成算法黑箱，增强司法的公信力，应通过制定涉及算法公开的相关法律法规，为企业的商业机密设定明确边界。对于在刑事审判中应用的智慧司法系统，应以公共利益为依据保障公众的知情权，公开有关审判建议的算法基础。然而，公开并非无限制，需要在明确约定公开范围的同时，保护企业的知识产权和商业机密。智慧司法服务提供商仅在当事人提出申请，且司法机关要求公开算法的运行过程和价值标准时，方可根据合同约定进行公开。同时，公开应符合司法公开的一般性规定，内容不得涉及国家秘密，采用易于公众理解的语言，以便公众进行监督。

2. 构建算法审查专门机构

算法是由专业人员通过相应的编程语言编写的程序。对于缺乏计算机及编程语言基础的人而言，仅仅依靠公示的语言难以理解其中的逻辑，也难以发现潜在问题。由于各家公司将算法视为商业秘密和信息安全的一部分，不愿向公众公开，因此需要在政府体系内设立相应的算法审核机构进行审查。在这方面，可以借鉴域外相关企业和组织的经验，建立专门的算法审查机构。这个机构应该由法官、检察官、律师等专业人士以及人工智能、伦理学、法学等领域的专家组成，包括来自职能部门、计算技术专家、产业界人士、法律专家、社会团体或公益机构的不同利益方。

专门的机构应该实施全过程的监管，包括：在事前，要求算法设计者向专门机构提供算法相关技术及决策依据的说明，并进行备案；在事中，加大对算法与决策的随机抽查力度，技术上审查算法并纠正错误决策；在事后，通过建立算法问责追溯机制，为公众提供算法决策的申诉渠道，接受公众对算法的质疑，要求算法设计者对算法进行必要解释和说明。同时，对算法进行包括反歧视在内的伦理和法律审查，以最大限度地保证其公正和合法性。

3. 保障当事人的异议权

知情权和异议权都是公民的基本权利，同时也是刑事审判程序正义的必要要求。在案件办理过程中，当事人有权知道影响自己诉讼权益的事实来源及决策的价值判断。若相关事实处于隐秘的环境中不为人知，当事人可向法院申请公开事实，法院可按照职权或依申请向当事人披露相关事实。当事人对法院的事实、证据认定产生疑义时，可提出异议，向法院申请重新审查已认定的事实和证据，以防止不公正的裁判，确保取证、判决等过程均以认定的事实为基础。

在刑事司法领域，被告人提出异议是相当常见的。在智慧司法系统应用的过程中，所生成的判决建议可能对被告人有利，也可能不利。被告人可能对系统编写中的数据源、算法产生异议或怀疑。为了保护被告人的诉讼权利，应当确保被告人有权提出审查算法的请求。

在智慧司法系统输出结果时，当事人通常无法得知决策的依据以及依据是否存在价值上的偏向，但这些依据直接关系到当事人的诉讼权利。为防止算法偏差导致有罪者脱罪，或是无罪者遭受不应受的处罚，应当参考国外有关"算法解释权"的规定，确保当事人获得解释以及提出异议的权利。

当事人对智慧司法系统形成的判决建议存疑时，可向法院申请相关人出庭解释。提供服务的智慧司法系统提供商或制定、编写算法的程序员可以出庭解释。法官应当为当事人阐明智慧司法系统的相关算法，以验证量刑建议的科学性。通过揭示算法的运行过程和价值判断，让当事人消除疑虑，从而进一步证明智慧司法系统在刑事审判中的可行性。

（三）发挥法官主体作用

1. 重视法官人才建设

（1）强调法官的主体地位。在刑事审判中，智慧司法系统取得了良好的效果，但这并不表示它能替代人类法官做出独立决策。在人工智能与司法不断融合的环境中，应更加重视法官的角色，突显法官的主体地位。司法活动的逻辑推演可由智慧司法系统辅助，但不能替代法官的决策。智慧司法可取代人脑，却不能取代人心。过去判例的算法学习可能导致未来案件预测的一定偏颇。法官在使用智慧司法系统时，通过人为修正确保每个判决让公众感受到公平正义，更充分地实现系统在刑事审判中的辅助功能。

（2）加强对法官的职业培训。随着智慧司法系统逐渐渗透司法，司法人员需要了解智慧司法系统的运行模式和逻辑。算法由数据员编写，而案件审理的核心是法官。通过定期的业务培训，提升法官的计算机系统运用水平，培养既擅长法律又具备专业计算机知识的人才。在使用端树立法官信心，培养法官执法能力，使其了解智慧司法系统的实质运行，填补系统中法律思维的不足。让法官善用智慧司法系统作为辅助工具，而不是本末倒置，将其建议看作金科玉律，形成路径依赖。

同时，培养法官对智慧司法系统可能存在的偏见性的警觉意识。在使用系统意见时要谨慎，避免采用带有算法偏见的意见。一旦发现，法官应能立即识别出偏见，及时上报反馈，以便智慧司法系统服务提供商进行审查和修改。通过培训强化法官的能力素质和司法自信。面对智慧司法系统输出的意见建议时，法官应理性对待，时刻保持自己的判断能力。通过自主思考和亲身经历的案件审判过程，对智慧司法系统的建议能够有独立的见解，予以采纳或排除。

2. 明确刑事裁判说理要求

在刑事诉讼法中明确规定，刑事判决书要详细阐明审判的理由依据，并进行说理。说理的目的在于以人民群众易于理解和接受的方式解释晦涩的法律语言。通过文字展示判决的逻辑推演过程，使当事人能够理解判决的理由和依据。如果当事人认同判决的理由和依据，则实现了判决的效力；如果不认同，也可以提出上诉或抗诉，保障了当事人的诉讼权益。

在当今刑事审判领域，智慧司法系统的应用因其程序设计的复杂性和专业性的技术语言，难以被缺乏专业基础的普通民众理解。法官在使用智慧司法系统为刑事审判提供服务时，所接收到的是已有的判决和直接的建议，而并未给出推送此案和作出建议的依据。法官作为智慧司法系统的使用者，需要从输出端，即给出的判决建议中进行理解和使用。然而，技术并非完美，即使系统再投入大量精力和优化版本，也难免出现错误或无法完全适应个案的实际情况。

中国各地区各审级人民法院使用的智慧司法系统多种多样，其中算法也不尽相同。在使用智慧司法系统时，当事人无法了解数据产生的推演过程和适用依据，系统输出的结论对当事人的判决结果产生一定的影响。这容易让当事人感到判决结果不透明、存在暗箱操作。为了保障当事人知情权，法官在使用智慧司法系统的判决建议等服务时，应清晰地讲述判决是如何适用智慧司法系统的过程，让当事人了解系统意见对判决结果的影响程度。如果存在错误或疏漏，当事人也可及时提出异议以保护自身权益。

通过强化刑事审判的说理要求，避免人民群众与司法之间产生距离感和割裂感，防止刑事二审等阶段形式主义，防止司法霸权和官僚主义的滋生。

让当事人及公众舆论有足够的空间对司法运行过程充分监督，确保在刑事审判中适用智慧司法系统的经得起检验，提高司法裁判的可接受性和公信力。

3. 完善法官保障与考核机制

引入人工智能到法院系统中是深化司法体制改革、综合配套改革、提升司法现代化的重要举措。这不仅是司法改革顶层设计的必然选择，也符合国际社会司法现代化和智能化建设的趋势。尽管在司法领域引入人工智能是势不可挡的趋势，但相关的法律法规也要及时跟进。为此，需要出台强化法官裁判保护的相关法律法规，以确保法官进行合法裁判不仅得到组织的保护，还有法律法规的保障。这样可以确保每位法官在做出判决时，唯一的考虑就是案件的事实。

在当前司法改革的大背景下，短期内改变案多人少的情况较为困难，但应当加强法官的裁判保护，不让法官既辛苦工作，还要承担风险。为了解决法官判决可能面临的多种社会风险，一方面，对法官的枉法裁判要进行严肃追究，对那些故意机械式司法导致当事人合法权益受损的法官，应追究其行政和刑事责任；另一方面，对于法官合理且合法的裁判，各级法院应及时为法官提供支持，从组织层面解决可能导致社会稳定或引发信访活动的压力，避免法官个人解决，减轻其心理压力和负担。这样能够确保每位法官对自己做出的判决负责，而不受外界因素的干扰，真正实现法官判决以事实为依据，以法律为准绳。

第四章 人工智能在司法审判中的运用及优化

第一节 人工智能司法审判及其法律价值

一、人工智能及其未来发展

(一) 人工智能的代表学派

人工智能是用计算机模拟人脑的学科,因此模拟人脑成为它的主要研究内容。但由于人类对人脑的了解太少了,对人脑的研究也极为学复杂,目前人工智能学者对它的研究是通过模拟方法按三个不同角度与层次对其进行探究,从而形成三种学派:首先,从人脑内部生物结构角度的研究所形成的学派,称为结构主义或连接主义学派,其典型的研究代表是人工神经网络;其次,从人脑思维活动形式表示的角度的研究所形成的学派,称为连接主义学派,其典型的研究代表是形式逻辑推理;最后,从人脑活动所产生的外部行为角度的研究所形成的学派,称为行为主义学派,其典型的研究代表是Agent。

1. 符号主义学派

符号主义,又被称为逻辑主义、心理学派或计算机学派,其核心思想是从人脑思维活动的形式化表示角度研究和探索人类思维活动的规律。该学派起源于亚里士多德对形式逻辑的研究以及随后出现的数理逻辑,因此也被称为符号逻辑。符号主义学派应用这种符号逻辑的方法来研究人脑功能。

20世纪40年代中后期出现了数字电子计算机，其机器结构的理论基础同样是符号逻辑。因此，从人工智能的观点来看，人脑思维功能与计算机工作结构方式具有相同的理论基础，即都是符号逻辑。因此，在人工智能诞生初期，符号主义学派得到了广泛应用。广义而言，任何用抽象化和符号化形式研究人工智能的方法都可被称为符号主义学派。

总体而言，符号主义学派以符号化形式为其特征的研究方法，它在知识表示的领域，包括谓词逻辑表示、产生式表示、知识图谱表示等，以及基于这些知识表示的演绎性推理中都发挥了关键性的指导作用。

2. 连接主义学派

连接主义，又被称为仿生学派或生理学派，其核心思想是从人脑神经生理学结构的角度研究和探索人类智能活动的规律。从神经生理学的观点看，人类智能活动源于大脑，而大脑的基本结构单元是神经元。整个大脑的智能活动是相互连接的神经元间竞争与协调的结果，它们组织成一个网络，被称为神经网络。连接主义学派认为，最佳研究人工智能的方法是模仿神经网络的原理，构建一个模型，即人工神经网络模型，并以此模型为基础展开对人工智能的研究。

连接主义学派的研究工作早在20世纪40年代的仿生学理论中就有许多成果，基于神经网络构建了世界上首个人工神经网络模型——MP模型。然而，在20世纪70年代之前，由于模型结构和计算机模拟技术等方面的限制，这方面的研究进展较为有限。直到20世纪80年代，Hopfield模型和反向传播BP模型的出现使人工神经网络的研究再次取得了重大进展。

2012年对连接主义学派来说具有划时代意义。卷积神经网络模型的出现与大数据技术的兴起，再加上计算机新技术的飞速发展，使其成为人工智能第三次高潮的主要技术手段。

连接主义学派的主要研究特点是将人工神经网络与数据相结合，实现对数据的归纳学习，从而达到发现知识的目的。

3. 行为主义学派

行为主义，又被称为进化主义或控制论学派，其主要思想是从人脑智能活动所产生的外部表现行为的角度研究和探索人类智能活动的规律。这种行为的特征可以用感知—动作模型表示，是一种基于控制论思想的学派。行为主义学派的研究工作早在人工智能出现前的20世纪40年代的控制理论及信息论中就有很多研究。在人工智能出现后，行为主义学派得到了很大的发展。其近代的基础理论思想涵盖了知识获取中的搜索技术以及以Agent为代表的"智能代理"方法等。行为主义的典型应用即是机器人，尤其是具有智能功能的智能机器人。在近期人工智能发展的新高潮中，机器人与机器学习、知识推理相结合，形成的系统成为人工智能的新标志。

（二）人工智能的基础理论

人工智能的基础理论分两个层次：第一层次是人工智能的基本概念、研究对象、研究方法及学科体系；第二层次是基于知识的研究，它是基础理论中的主要内容，包括下面的内容：

第一，知识与知识表示。人工智能研究的基本对象是知识，其研究内容以知识为核心，包括知识表示、知识组织管理、知识获取等。在人工智能中，知识因不同应用环境而具有多种表示形式，目前常用的有十余种，其中最常见的包括谓词逻辑表示、状态空间表示、产生式表示、语义网络表示、框架表示、黑板表示以及本体与知识图谱表示等多种方法。

第二，知识组织管理。知识组织管理是指知识库，它是存储知识的实体，具有知识增、删、改及知识查询、知识获取（如推理）等管理功能。此外，还包括知识控制，包括知识完整性、安全性及故障恢复功能等管理能力。知识库根据知识表示的不同形式进行管理，即一个知识库中所管理的知识其表示形式只有一种。

第三，知识推理。人工智能研究的核心内容之一是知识推理。推理指的是由一般性的知识通过它而获得个别知识的过程，这种推理称为演绎性推理，是符号主义学派研究的主要内容。知识推理有多种不同方法，可因知识表示的不同而有所不同，常用的方法包括基于状态空间的搜索策略和基于谓词逻辑的推理方法等。

第四,知识发现。人工智能研究的另一个核心内容是知识归纳,又称知识发现或归纳性推理。归纳指的是由多个个别知识通过它而获得一般性知识的过程,这种推理称为归纳性推理,是连接主义学派研究的主要内容。知识归纳有多种不同方法,常用的包括人工神经网络方法、决策树方法、关联规则方法以及聚类分析方法等。

第五,智能活动。智能活动是行为主义学派研究的主要内容。一个智能体的活动受到环境中感知器的触发而启动,活动的结果通过执行器对环境产生影响。

(三)人工智能的应用与开发

1. 人工智能的应用技术

在人工智能学科中,有很多以应用领域为背景的学科分支,对他们的研究是以基础理论为手段,以领域知识为对象,通过这两者的融合最终达到模拟该领域应用为目标。目前这种学科分支的内容有很多个,并且还在不断的发展中,下面列举较为热门的应用领域分支:

(1)机器博弈。机器博弈分为人机博弈、机机博弈以及单体、双体、多体等多种形式。其内容包含传统的博弈,如棋类博弈,从原始的五子棋、跳棋到中国象棋、国际象棋及围棋等。还包括球类博弈,从排球、篮球到足球等。现代的博弈性游戏以及带博弈性的彩票、炒股、炒汇等带有风险性的博弈活动也涵盖在内。

机器博弈是一项智能性极高的活动,机器博弈的水平高低是人工智能水平的主要标志,对它的研究能够带动与影响人工智能多个领域的发展。因此,目前国际上各大知名公司都致力于机器博弈的研究与开发。

(2)声音、文字与图像识别。人类通过五官及其他感觉器官接受与识别外界多种信息,其中听觉与视觉占到所有获取到的信息90%以上。具体表现为文字、声音、图形、图像以及人体、物体等的识别。模式识别指的是利用计算机模拟对人的各种识别的能力。常见的模式识别包括声音识别(语音、音乐及其他声音的识别)、文字识别(联机手写文字识别、光学字符识别等)、图像识别(指纹识别、个人签名识别、印章识别等)。

（3）知识工程与专家系统。知识工程与专家系统是用计算机系统模拟各类专家的智能活动，从而达到用计算机取代专家的目的。知识工程是计算机模拟专家的应用性理论，专家系统则是在知识工程的理论指导下实现具有某些专家能力的计算机系统。

（4）智能机器人。智能机器人一般分为工业机器人与智能机器人，在人工智能中一般指的是智能机器人。这种机器人是一种类人的机器，它不一定具有人的外形，但一定具有人的基本功能，如人的感知功能、人脑的处理能力以及人的执行能力。这种机器人是由计算机在内的机电部件与设备组成。

（5）智能决策支持系统。政府、单位与个人经常会碰到一些重大事件须作出的决断，如某公司对某项目投资的决策；政府对某项军事行动的决策；个人对高考填报志愿的决策等。智能决策支持系统是一个计算机系统，它能模拟与协助人类的决策过程，使决策更为科学、合理。

（6）计算机视觉。计算机视觉研究的是用计算机模拟人类视觉功能，用以描述、存储、识别、处理人类所能见到的外部世界的人物与事物，包括静态的与动态的、二维的与三维的。最常见的有人脸识别、卫星图像分析与识别、医学图像分析与识别以及图像重建等内容。

2. 人工智能的应用模型

人工智能学科的最上层次即是它的各类应用以及应用的开发。这种应用很多，著名的如 Deep Blue、AlphaGo、蚂蚁金服人脸识别系统、百度自动驾驶汽车、科大讯飞翻译机、Siri 智能查询系统以及方正扫描仪等都是人工智能应用，其中很多都已成为知名的智能产品。下面主要介绍这些应用中的模型以及基于这些应用模型的计算机系统开发。

以人工智能基础理论及应用技术为手段，可以在众多领域生成很多应用模型，应用模型即是实现该应用的人工智能方法、技术及实现的结构、体系组成的总称。例如，人脸识别的模型简单表示为以下内容：

（1）机器学习方法：用卷积神经网络方法，通过若干个层面分步实施的手段。

（2）图像转换装置：需要有一个图像转换装置将外部的人脸转换成数据。

（3）大数据方法：这种转换成数据的量值及性质均属大数据级别，必须按大数据技术手段处理。

将这三者通过一定的结构方式组合成一个抽象模型，根据此模型，这个人脸识别流程是：人脸经图像转换装置后成为计算机中的图像数据，接着按大数据技术手段对数据作处理，成为标准的样本数据。将它作为输入，进入卷积神经网络作训练，最终得到训练结果作为人脸识别的模型。

3. 人工智能的模型开发

以应用模型为依据，用计算机系统作开发，最终形成应用成果或产品。在这个阶段，重点在计算机技术的应用上着力，具体内容如下：

（1）根据计算机系统工程和软件工程的原理，进行系统分析和设计。

（2）根据设计结果，搭建计算机系统的开发平台。

（3）按照设计结果，建立数据组织结构并完成数据体系的开发。

（4）基于设计结果，构建知识体系并完成知识库的开发。

（5）遵循设计结果，制定模型算法并进行系统编程，完成应用程序的开发。至此，一个初步的计算机智能系统就形成了。然后，需要按照计算机系统工程和软件工程的要求进行后续工作。

（6）按照计算机系统工程和软件工程的原则进行系统测试。

（7）遵循计算机系统工程和软件工程的规范，将经过测试的系统投入运行。

到此为止，一个具实用价值的计算机智能系统就开发完成了。

（四）人工智能的未来发展

随着信息技术的飞速发展，人工智能得到了迅猛的发展，"对我国的基础生产业与高端技术行业都带来了新的愿景与发展道路。同时人工智能的逐渐成熟也能从根本上改变人类劳动的速度、广度与深度，大力提供科技生产力。"

1. 人工智能的学科发展

人工智能起源于多个学科,并在其发展中经历了多种磨难与重重困难,尝试过多种不同思想、方法与理论才取得了今天的大发展。回首过往的发展历史,不但有经验,也有教训。结合经验与教训,在看到了发展同时也看到了不足,人工智能学科的发展任重而道远。

(1) 建立全面的人工智能理论体系。任何学科都需要一个完整的基础理论框架来支持其发展。人工智能作为一门学科也不例外。尽管在多年的发展中,人工智能已经形成了自己的理论体系,但由于其发展的独特性,其完整性和统一性仍然需要进一步完善和发展。

第一,人工智能是一门交叉学科,在其早期发展阶段就包含了多个学科,这些学科基于不同的理论体系相互融合。

第二,人工智能在发展过程中,尽管多种不同的理论体系有所融合,但由于不同的环境和特殊情境,形成了符号主义体系、连接主义体系和行动主义体系三种研究理论体系,它们都有各自的应用支撑,目前仍然难以完全统一。

第三,过去的十年是人工智能快速发展的时期,主要表现为人工智能应用的蓬勃发展。虽然在许多应用中解决了理论问题,但这些理论的解决与发展已经冲击传统的理论体系。然而,人们过于关注应用的实现,而忽视了理论的深入总结、提升和发展。当前急需人工智能理论工作者的努力,以建立一个统一、完整的理论体系。

(2) 人工智能的多学科交叉融合。人工智能学科是一个多学科交叉的综合学科,因此其发展必须在共同的目标下注重多学科之间的交叉融合,发挥各学科的优势,建立密切的关系,相互取长补短,实现在人工智能大家庭中的融合与和谐共存。这是人工智能学科发展的另一个方面。人工智能的多学科交叉融合主要表现在以下方面:

第一,人工智能理论与应用之间的融合。

第二,人工智能理论中各种方法之间的融合。

第三,人工智能应用中计算机技术与应用系统之间的融合。

人工智能的多学科交叉融合的必然结果是人工智能学科整体能力的进一步提升。

2. 人工智能的社会发展

人工智能学科是一门特殊的学科，由于它所研究的内容涉及人类自身最敏感的部位，出于对人类自我保护潜意识的反射，以及科幻小说与电影的过分渲染，从人工智能刚出现的萌芽时期就已经有人担忧，担心在其发展美好前景的同时会引起对人类自身利益的直接碰撞与抵触。因此，在人工智能发生与发展的同时，对人工智能的担心就一直没有停止过，这已不是一个技术问题而是社会问题了，主要表现为人工智能会侵占人类就业权益的担心与人类自身安全的担心这两方面。为此，必须对这两个问题从技术与社会学角度进行必要的解释与说明。

（1）人工智能与就业。从20世纪50年代开始，国外一些流水线作业的工厂逐渐引入机器人进行操作，以替代简单、枯燥的劳动。随后，机器人的应用逐步扩展到较为复杂但有固定规则的工作领域，取代这些工作的执行。随着人工智能和机器人技术的不断发展，这种"取代"工作的趋势已经威胁到了技术工人等成熟领域的就业，引起了工人和社会的担忧与恐慌。

然而，自工业革命以来，新技术的应用除了提高生产力和减轻人类劳动负担外，也会对就业产生影响。第一次产业革命以蒸汽机为代表，解放了体力劳动，但也影响了体力工人的就业；第二次产业革命（电气化）以电动机为代表，解放了脑/体力劳动，同时也影响了技术工人的就业；第三次产业革命（信息化）以计算机为代表，解放了脑力劳动，也影响了劳力人员的就业。第四次产业革命以人工智能为代表，解放了智力劳动，同时也影响到了智力人员的就业。然而，前三次革命最终促进了人类生产力的发展，提高了生活水平，而就业问题的影响通过平衡和调整逐渐得到解决。

就业问题实质上是一个社会性问题，其最终解决需要社会共同努力。社会学中的基本原则之一是社会生产力的发展是解决社会问题的基础。人工智能所带来的生产力发展可以通过政府的政策和市场调节等手段来解决就业问题。实际事实证明，在大量使用机器人和人工智能的国家，并没有因此造成大规模失业，反而提高了人们的生活水平和生活质量。

（2）人工智能与人类智能。人工智能将会超越人类智能，机器将控制人类并威胁人类的生存。此说法产生的起源有三个：首先，人工智能学科自身研究的敏感性所致；其次，科幻小说与影视作品的渲染以及非本门学科专家对人工智能的了解不足而引起的担忧所致；最后，人工智能本门学科专家的不负责的宣扬所致。

实际上，所谓的"人工智能威胁论"是一个"伪命题"，人工智能专家他们在长期的研究工作中深知人工智能的艰难，深知人类对其自身智能的了解知之甚少，人类对其自身智能的模拟有多么的困难，目前所获得的成果又是多么的稀少。这个简单的是非题告诉我们，目前人工智能的研究水平实际上是极其低下的，研究难度是极其高的，从人工智能到人类智能尚有很多个无法逾越的障碍。以下从技术层面进行讨论：

第一，人工智能的研究对象是人类智能，涵盖了对人类智能主要器官——大脑的研究。这包括大脑神经生理结构的研究、大脑思维的研究（包括形式思维与辩证思维），以及大脑外在行为的研究等方面。然而，迄今为止，我们对这些方面的了解仍然甚少。

第二，人类智能是一个动态活动的过程，即人类智能对外部世界的认识是一个不断变化、不断提高的动态发展过程。我们目前对这种动态过程的了解也相对有限。

第三，人类智能动态活动的过程是在特定环境下进行的。这个环境包括外部世界的人类社会与自然社会。然而，就目前水平而言，人类对这些环境的了解也是非常有限的。

第四，计算机通过数据模拟人类智能中的外部环境。这种环境存在于巨大的时空多维世界中，是一种多维、无限、连续的世界。而计算机数据只能表示有限、离散的环境，因此用有限、离散的数据来模拟无限、连续的世界存在着巨大的差距。这种模拟只能被视为"近似"，永远无法达到

"一致"。

第五，计算机通过算法模拟人类智能中的智力活动。对这种模拟可分以下层次讨论：

算法的可计算性问题：算法的能力是有限的，世界上的智力活动并非所有都用算法表示。这在算法理论中称为可计算性理论。也就是说，世界上的智力活动可分为两部分：一部分可用算法表示；另一个部分不可用算法表示，不可用算法表示的智力活动，在人工智能中是无能为力的。

算法的复杂性问题：若智力活动是可计算的，则可用算法表示该活动。但算法在计算时还存在着计算的复杂性问题，即计算过程所需的时间与所占的空间问题，一般可分三个级别：指数级算法、多项式级算法及线性级算法。其中，指数级算法称为高复杂度算法，这种算法虽在理论上能计算，但是在实际计算中，经常出现计算变量在计算过程中其时间与空间呈指数级上升而使整个计算最终没有完成。因此，算法的复杂性问题告诉我们，算法按复杂性可分两种类型，包括高复杂度算法与中、低复杂度算法。其中，高复杂度算法是无法用计算机实际计算的。

算法的停机问题：可计算算法的另一个方面，即算法的停机性。它表示算法的计算过程中是否会出现无法停机、永不结束的状态。

算法寻找问题：上面讨论的仅是智力活动算法的理论问题，它是寻找算法所需满足的最基本的条件。在这些条件框定下，人工智能专家任务是逐个寻找适合特定智力活动的算法，这是一种极其艰辛的创新活动过程。到目前为止，专家们所找到的算法仅是整个人类智能活动的九牛一毛。算法寻找问题是其中最重要的一环。

第六，计算机的计算力。计算机的数据与算法只有在一定的计算机平台上运行才能产生动态的结果，计算机平台上的运行能力称为计算力。计算力是建立在网络上的所有设备，包括硬件、软件及结构方式的总集成。其指标包括：运行速度、存储容量、传输速率、感知能力、行为能力、算法编程能力、数据处理能力、系统集成能力等。计算力是人工智能中计算机模拟的最基础性能力，目前计算力中的所有指标离人工智能及其数据、算法的要求差距甚大，而且很多指标无法在短时期内得以解决。由此可以看出，人工智能的发展还将不断继续，对人工智能的研究任重而道远。

二、人工智能司法审判的内涵

"人工智能已然成为当今社会最具变革性的力量之一，其同司法审判领域的融合应用应是时代的必然选择，可有效提高司法效率、助推国家司法改革整体效能实现。"[1] 近年来，中国法院受理的案件不断增加，法官们面临着日益紧张的工作压力。在我国，审判活动存在着审判资源匮乏、审判效率不高等问题，这对于维护审判公平、建立审判权威产生了严重的负面影响。然而，人工智能作为一门可以模仿人类思考和行为的新技术，在某种程度上有可能替代部分人力工作。面对中国司法体系中"案多人少"、司法公正难以保障和司法权威日益严峻的现状，司法机构充分认识到人工智能在司法领域的重要作用，并试图运用人工智能技术促进司法审理现代化进程，推动法治建设。

人工智能在司法审判中的应用并非简单地引入技术，而是通过利用人工智能技术建立大数据平台，将审判相关人员信息和法律数据纳入司法数据分析范围，进而通过算法得出判决结论。随着人工智能技术的不断发展，其已广泛应用于庭审中。在庭审语音识别方面，人工智能能够协助法官准确识别被告人身份，并及时记录庭审过程；在法律文件阅读与分析方面，它可助法官快速阅读卷宗、整合案情，并迅速检索相关法条；在证据收集方面，它能够根据大量案件信息和对证据材料的分析提取有用信息；在案件宏观角度上，能全面审查宏观案件中的所有证据；对案件研究与判决的把握，为裁判者提供更为有力的实务操作依据，使判决更为准确。

在司法审判过程中，人工智能法律系统先对输入问题进行理解，并将其转化为法律问题。然后，通过法律检索，在大量法律法规和司法案例中找到

---

[1] 王勇旗. 人工智能在司法审判领域的融合应用——现状、难题与应对[J]. 法理—法哲学、法学方法论与人工智能，2021（1）：177.

与问题相关的资料,最后,通过深度学习功能将专业知识和算法程序结合,进行法律推理,最终得出司法判决。

三、人工智能司法审判的类别

(一) 弱人工智能司法审判

人工智能技术的发展和应用并非一蹴而就,其构建过程是逐渐由弱到强的。弱智能司法判决指的是在审判过程中,通过简单的编程即可将一般的人工智能技术直接应用于司法领域的一种技术。然而,由于系统技术水平参差不齐,因此在使用中存在一定差异。在实践中,由于缺乏对大量复杂法律信息的深入分析,目前的审判工作尚未真正实现"智能化"。在中国,人工智能系统技术在司法领域仍然是一种辅助手段,仅能为法官、律师等法律从业者提供相关数据材料和庭审笔录等信息。这类人工智能在进入司法领域后,并没有改变其作用,只是在一定程度上承担了法院的一部分事务,未真正融入法院工作的核心。

从司法实践的角度看,这种弱智能在司法领域的应用有良好的发展趋势。它有助于解放法官,使其从烦琐而重复的文书工作中解脱出来,提升案件处理的质量和效率,有效地缓解"案多人少"的问题。然而,人工智能技术本身在运用中仍然存在一些问题,比如法律语言的模糊性和信息检索的准确性之间的矛盾。因此,要提升人工智能在司法领域的应用,必须加速从"弱化"向"强化"的转变,以有力地推动司法制度的现代化。

(二) 强人工智能司法审判

与弱人工智能司法审判相比,强人工智能司法审判属于一种更为先进的模式。强人工智能具备深度学习的能力,能够模拟人类法官在处理案件时的思考和判断过程,对案件细节进行深入剖析,并通过对相关证据材料的对比审查,作出审判预测。这种人工智能系统对司法审判的内容和架构产生了显著的影响,不仅可以帮助法官更好地理解和审理案件,还能更好地实现法律正义。

强人工智能在司法领域表现出独特性,其运行需要法学专家输入相关法律逻辑,引导机器进行算法推理,并输入大量法学专业知识。算法逻辑使用核心算法解决案例,机器通过算法进行智能判决,成为实现法律逻辑智能化的工具。然而,由于强人工智能发展较为缓慢,相关技术尚未成熟,法学专业知识与算法技术融合不够深入,导致在实际应用中未达到预期效果。相对于弱人工智能司法裁判而言,强人工智能具有更强的研究价值。因此,在当前法律实践中,对强人工智能判决的预测需要谨慎,以促进从弱人工智能向强人工智能的转变。

四、人工智能司法审判的法律价值

(一)提升司法效率

1. 改善"案多人少"的窘境

在当今社会,随着社会发展和法律体系的不断完善,法院面临着越来越多的案件数量和复杂性,这给法官们带来了巨大的工作压力和挑战。在这种情况下,人工智能技术的应用成为缓解法院"案多人少"窘境的重要途径。人工智能技术的引入可以帮助法院处理大量案件,提高案件处理效率,从而缓解法官案件过多的问题,实现司法资源的最大化利用。

第一,智能化的案件管理系统可以极大地提升法院的工作效率。传统的案件管理往往需要大量的人力和时间来整理、归档和处理案件信息,而人工智能技术可以通过自动化和智能化的方式,快速准确地完成这些工作。例如,人工智能可以通过自然语言处理技术,快速识别和提取案件中的关键信息,帮助法官更快速地了解案情,减少烦琐的信息整理工作,提高工作效率。

第二,智能化的审判辅助工具可以为法官提供更全面、准确的信息支持。人工智能技术可以通过数据挖掘和分析,为法官提供大量的案例和法律文献参考,帮助他们更好地把握案件情况,做出更科学、公正的裁决。此外,人工智能还可以通过模拟推演和预测分析,帮助法官预测案件的可能结果,提供量刑建议,从而提高司法决策的准确性和科学性。

第三,智能化的案件管理系统和审判辅助工具还可以实现案件信息的快速共享和协同处理。在传统的司法系统中，不同法院之间的案件信息往往无法快速共享和交流，导致工作效率低下。而通过人工智能技术，可以实现案件信息的快速共享和协同处理，不仅可以加快案件处理速度，还可以避免信息孤岛和重复劳动，提高司法效率。

第四，人工智能技术还可以通过智能化的预警系统，帮助法院及时发现和处理重大案件和突发事件，提高司法工作的应急处理能力。通过数据分析和模型预测，人工智能可以帮助法院识别潜在的风险和问题，提前采取措施，避免案件处理过程中的意外情况，保障司法工作的顺利进行。

2. 减少机械性工作

在当代社会，随着科技的不断进步和人工智能技术的快速发展，人工智能在司法领域的应用已经成为一种趋势。其中，人工智能技术的自动化处理能力为法院减少了大量重复性、机械性的工作，如案件信息整理、文书撰写等，从而释放了法官的时间和精力，让他们更专注于审理案件的核心问题，提高了工作效率和司法质量。

（1）案件信息整理。传统上，法院需要大量的人力和时间来整理案件中的各种信息，包括证据、案情、当事人信息等。这些工作通常是重复性的、机械性的，容易出现疏漏和错误。而引入人工智能技术后，可以通过自然语言处理和数据挖掘等技术，快速准确地提取和整理案件信息，帮助法官更快速地了解案情，减少信息整理的时间和成本，提高工作效率。

（2）文书撰写。在司法活动中，法院需要大量的文书来记录案件的审理过程和结果，包括裁决书、判决书等。传统上，法官需要耗费大量的时间和精力来撰写这些文书，容易出现疲劳和错误。而引入人工智能技术后，可以通过自动生成文书的方式，根据案件信息和法律规定自动生成相应的文书，减少了法官的机械性工作，提高了文书的准确性和规范性，节省了时间和精力。

（3）案例检索和类案推送。在司法实践中，法官需要参考大量的案例和法律文献来支持自己的裁决，这通常是一项耗时且烦琐的工作。而引入人工智能技术后，可以通过智能化的案例检索系统和类案推送功能，帮助法官快速找到相关案例和法律文献,提供参考和支持,节省了法官的时间和精力,提高了司法决策的准确性和科学性。

(二) 加强司法裁量统一

1. 智能推送类案

"同案同判"是普通民众评判法官判决是否公平、合理的最直接的标准。"同案同判"并不意味着对同一案件的裁判就一定会得出同样的结论,总会有一些细微的区别。所谓一步错,步步错。两个相似的案件,可能会有截然不同的判决。"同案同判",是指在对同一类型、同一类型或同一构成要件的案件进行审判时,法官对同一案件的判决结果并无明显差别。事实上,"类案类判"比"同案同判"要贴切得多,也不会让人产生误会。因为法律语言具有模糊性,再加上法官的个人经历和实践能力存在差异,因此在适用法律及价值判断上很可能会存在着分歧,这就会造成在审判过程中,没有形成统一的量刑标准,最终产生了案例类似,但判决却不尽相同的结果。有些学者认为,相同的事情,在不同的法庭,即使是同一个法庭上的不同法官,也会得到完全不同的结果,从而导致判例不一,严重损害了法律的威严,这是目前中国司法实践中亟待解决的重要问题。

从传统角度来看,我国法院对自由裁量权的规定主要是通过出台相关的司法解释、规范性文件、加大对法官的专业训练等方式来实现的。在对同一个案件审理的过程中,不同案情的具体细节也会存在诸多差异,人工智能能够在裁判库中对其检索分析,将各种差异因素展示出来,让法官在审判活动中,能够确保尽量与全国各地的法院审理在同类案件上保持高度统一,以保障裁判的统一性。换言之,人工智能能够借助海量的司法大数据平台,对全国范围内的大量案例进行比较和分析,并依据案例的特点,对案例进行分类。其次,在处理案件的时候,能够对案件进行直接地分类,从而实现对相似案例的自动推荐,并给出判决结果的预测。如今,"裁判文书网"将各个法院的判决文书进行数据化,利用人工智能对案件进行进一步的分析提供了依据,这对于推动司法裁量的统一大有裨益。

2. 减少司法任意性

与其他纠纷解决方式相比，司法审判具有更严格的法定性和规范性。但是，在我国社会中，它是一种以情感为本位而形成的由血缘地缘向外拓展的程序格局。在人类所从事的社会活动中，存在着大量的感性的认知和情感的交流。在执行案件的过程中，司法人员或许会有自己的情感以及情绪，这些感性因素会对司法程序和案件审判产生一定的影响，而人工智能可以减少司法审判程序过程中的各种感性的主观因素的干扰，从而减少司法的任意性，使裁判尺度得到更大程度的统一，最终推动司法裁量的统一。

（1）提高审判过程中法官裁量的一致性。法官在处理案件时，通常需要处理大量的证据，而这些证据可能无法像传统的案卷那样被有序分类。人工智能司法应用能够帮助法官简化烦琐的工作，提高效率。例如，在输入案件证据后，智能应用可以自动整理并归档，同时提示审判人员关于证据的可能漏洞。在审讯结束时，如果需要嫌犯的签名、指纹等信息，人工智能可以快速准确地找出缺失的部分，解放司法人员免受机械性工作的束缚，避免因疲劳或疏忽而产生错误。

（2）减少程序漏洞带来的问题。例如，在庭审过程中，机器能够提供更多、更全面、更准确的信息。此外，机器还可以根据案件事实和法律规定等因素提供建议，帮助法官做出正确的判断。在具体案例中，智能应用可以自动识别证据中的漏洞和缺失部分，并提供相应提示，使法官更准确地判断案件事实和法律规定。如果程序中存在缺陷，导致案件结果不完善，或者司法人员出于私利而忽视程序漏洞，人工智能司法应用可以追溯问题发生的环节和关键点，确保案件办理过程可追溯，所有线索都被记录，促使司法人员依法规范地处理案件，降低程序上的随意性。

（3）有效降低法官在判决过程中的主观随意性。在法官作出判决时，应综合考虑犯罪嫌疑人和被告人的社会危险性，以人工智能为例。在刑事案件中，由于犯罪嫌疑人和被告人受到成长环境、教育程度、生活经历等因素的影响，导致社会危险性的预测评价结果不同。人工智能司法应用可利用自然语言分析能力，在司法工作人员需要对犯罪嫌疑人进行社会危险性评估时，提供特定的建议，并判断是否适用缓刑。通过计算机评估结果，可以权衡危险因子，决定其相对重要性。司法人员根据案件情况选择不同的风险因素，人工智能将生成权重式评估报告和结论，通知司法工作人员有关犯罪嫌疑人社会危险性的信息。因此，当人工智能为司法人员提供量刑参考时，无论其办案经验或学历如何，对同一案件的同一犯罪嫌疑人和被告人的最终结论应保持一致，有效消除司法的任意性。此外，人工智能还能帮助司法人员更准确地理解案件事实和法律规定，提高判决质量和效率。

（三）推动司法公开

司法公开是实现司法公正的必要前提，它不仅有利于提升司法活动的透明度，树立司法权威，更有利于强化公众对司法过程和司法行为的监督，提升司法公信力。司法活动如果没有充分公开，将会严重地影响到社会的公平正义，使社会公众失去对法院的信任。与此同时，伴随着人民的法治意识的增强，他们对于在诉讼中所使用的各类信息和资料的需求也在增加，因此，传统的司法公开方法已无法适应这种日益增加的需要，在当前的形势下，不仅要对案件的判决进行公开，而且要对司法审判的全过程进行公开，让民众更有参与感和安全感，这样才能够充分发挥出司法公开的重要作用和价值。将人工智能技术引入到法院审理过程中，可以有效地提升法院审理过程的透明度，以满足人民群众对于司法公正的要求。通过人工智能的语音识别技术，不仅可以让社会大众更加清晰地了解案件事实及证据情况、更加有效地参与到案件审理当中来；还可以让法官及其他工作人员更加清晰地了解案件审理中所涉及的各种信息。此外，通过这种方式还可以更加有效地监督法官及其他工作人员依法办案、公正办案。

人工智能法律系统可以将法庭庭审的整个过程对社会进行公开，让每个普通市民都可以方便快速地了解到他们所关心的案件，这样就可以更好地加强对法官和法庭的监管，也可以更好地加强对一般民众的法治教育，树立起司法的权威，提升司法的公信力。同时，也要求法官在审理案件时必须严格适用法律，不能为所欲为。因此，将人工智能技术应用于司法审判，将极大地拓展司法公开的广度与深度，极大地提高了法院的司法公开水平。它不仅可以让社会群众更加清晰地了解到法院审理案件时所要遵循的规则和流程，还可以帮助法官们更好地履行职责、完成审判任务。

1. 建立司法信息公开平台

司法信息公开平台是一种将人工智能技术运用于司法审判的重要载体，它可以使诉讼参与者和广大的社会大众及时地了解到法院在审判中所做的事情以及如何去做的事情，通过这种方式，可以让诉讼参与者更好地了解到法院的公正，感受到司法的公正。同时，它也可以使法官们自觉遵守法律、法规、规范自己的司法行为，从而更好地保障公众对司法活动的知情权。

庭审直播可以让公众更好地了解到法院在审判中所做的事情，让他们更加客观、全面地了解到法院在审判中所做的事情。南京市中级人民法院也在积极推行法院的实况转播，市民可以登录"南京法院实况转播"，看到自己感兴趣的案子，还可以进行回放、下载和互动。庭审直播将人民法院在审判中所做的事情以及如何去做的事情进行了一个直观的展现，让诉讼参与者以及广大的社会大众可以通过直观的方式，及时地了解到法院的公正，感受到司法的神圣；同时，庭审实况转播还迫使法官们自觉按照法律审理案件，进而约束自己的司法行为。

2. 促进裁判文书公开

社会大众对司法公正的认识主要来自判决文件，判决文件的公开有利于维护公正、公正、司法权威，并在某种意义上促使法官自我约束。中国法院裁判文书网的建立，大大增加了法院的审判工作的透明度，对法院的审判工作起到了积极的推动作用。中国执行信息公开网站于2014年11月1号正式上线。通过这个平台，公众可以获取被国家列为失信被执行人的名单，了解被执行人信息，以及执行流程和执行文书等信息。如果说审判是一种产品，而执行则是一种售后服务，民众参加诉讼，并不是因为他们想要得到判决，而是因为他们想要保护自己的利益。事实上，很多时候，官司打赢了，但是官司却没有打赢，"执行难"势必会导致社会对法院的信任度下降，使得司法权力流于形式,失去震慑作用,执行信息网络的开通,为解决执行难提供了极大的帮助。"中国审判程序公开网""中国裁判文书网""中国执行信息公开网"的建立,不仅可以让人们更好地了解司法程序,还可以使司法权力受到有效的监督和制约。在构建司法信息公开平台的同时,也要让人工智能能够感知到司法过程中的每一个细节,并将其记录下来,然后在该平台上发布。这一过程可以促进社会公正、公平、公开,提高司法公信力,使得司法工作走上更加健康、文明、有序的轨道。

第二节 人工智能在司法审判中的关系定位

当前人工智能系统参与审理司法案件,其主要作用表现为:①庭前依托电子卷宗自动生成电子化文件,方便法官可以快速定位和检索,便于法官确定案件争议焦点;②通过人工智能提取案件的相关要素进行类案推送,供法官进行判决参考;③在刑事案件中,人工智能可以根据类案判决自动生成量刑意见,经过法官核对和确认后自动生成裁判文书,并且在法官裁判后通过将判决与以往案例进行对比实现量刑偏离预警提示。虽然审判的全程均由人工智能系统来引导,但司法审判不应是简单的机械式审判,需要具备法与理的结合,而且法官还需要在不同的价值判断之间进行抉择,根据各个方面的考量对案件进行最终定论。

人工智能在审判中应用的争议大致可以分为两类,第一类是肯定人工智能可以拥有主体资格,第二类是否定人工智能可以拥有主体资格,笔者更为赞同后者,下面将从以下两个方面对人工智能的关系定位进行讨论。

一、人工智能定位于法官裁判辅助工具

人工智能在司法审判中的辅助背景源于法院案件多、人力资源不足的客观情况。通过发挥人工智能在司法领域的独特优势,有助于法官处理大量机械性重复工作,减轻其工作压力,使法官能够集中精力应用在真正需要人类智慧的领域。司法裁判不仅需基于法律,还需考虑道德、价值观等因素。在

当前弱人工智能时代，由于人工智能缺乏自主意识，且相关法规尚不完善，其在司法领域的应用并不普遍。随着科技、互联网和人工智能的迅猛发展，法院积极与科技公司合作建立人工智能平台，以适应科技发展、解决案件积压等问题。

需注意的是，人工智能平台提供的结论只是法官的参考意见，不能主导法官的判决，法官仍是最终决策者。目前，人工智能技术尚未受到完备的法律规制，人工智能主导审判仍未实现。在未来，随着法律法规的完善和人工智能的发展成熟，其定位可能会更加明确，但目前仍只是法官审判的辅助工具。此外，在人工智能辅助审判中存在一些可能影响司法公正的根本性问题，如算法歧视和算法黑匣子等，这些问题可能使司法失衡。

近年来，上海法院推出了"206系统"人工智能办案系统，成为办案人员不可或缺的智能助手。该系统不仅处理大量机械性重复工作，提高了审判效率，还能准确查找和分析法律条文和相似案例，促进法官更好地行使审判权。鉴于当前我国人工智能参与审判的实践，强化法官自我管理，确保智能审判稳步推进，同时明确人工智能仍处于辅助法官作出正确判决的地位，具有重要意义。

二、法官对案件的判断不能被人工智能代替

人工智能系统虽然可以整理案件所需要的判例、司法解释、法律条文，并自动生成案件判决，但是每个案件都可能具有特殊之处，当事人的诉讼请求也各不相同，人工智能并不能去深入探究当事人的实际情况，也不能具有法官的审判经验和同理心，难以达到案件情与法的平衡，如果案件经历了人工智能审判后，被告人不服提出上诉，但如二审法庭依旧使用相同的人工智能审判系统，则会造成二审的无意义审理。这样对当事人是很不公平的，不仅难以取得当事人对判决的信服，也将使当事人难以保持对法律的敬畏，对社会的公平正义、司法的公信力产生极大的影响。

法官是掌握案件裁判权的裁判者，人工智能仅仅是辅助法官处理一些日常无须抉择的事务。而在这个人工智能不可阻挡地进入社会的时代，"人机

结合"将会是最好的审判方式，法官不能过度地依赖人工智能带来的便利而消解自身在裁判中的作用，否则将会造成算法独裁，也将导致法院以及法官存在从根本上失去意义。

综上，法官需要对所审理案件进行综合考量，其在审判中必然融入自身丰富的审判经验和价值判断，因此人工智能不会完全取代法官的地位行使裁判权，只能在庭审中代替法官处理一些程序性问题，使庭审变得更高效。在审理不同的案件时，根据每个案件案由的不同需要运用不同的审判系统可以更有针对性地辅助法官判决。人工智能审判系统还会根据庭审中进行的程序出示法官拟询问的问题、出示证据、制作法律文书等工作。在分析案件的争议焦点时，也无需法官重新梳理卷宗，根据系统直接可以给出案件的争议焦点供法官参考确认，极大地节省了庭审的时间，因此我们应当充分激发和完善人工智能辅助审判之功能。

第三节 人工智能在司法审判中的优化策略

一、保证审判权独立运行

（一）明确人主智辅的审判体系

算法时代，人工智能技术的广泛应用带来了社会生产效率的极大提高。在人工智能的加持下，的确可以大大方便司法审判，为司法提供持续不断的动力，推动司法的便利性和公正性。然而，"智能"并非等同于智力，人工智能归根结底还是人类大脑延伸的一种表现形式，在审判过程中，法官不仅要根据法律条文来判断案情，更要结合社会情感、职业经验等因素，以保证审判的公平性和公正性。面对这个既是最好也是最坏的时代，要清楚认识到机器不是万能的，智能审判系统只能起到协助审判的作用，为其提供相关的参考建议和宏观指导，最后的判决还是要由法官独立作出。与此同时，智能审判系统还可以将类案推给法官，但个案具有复杂性和多变性，涉及到重大利益冲突，社会影响广泛，案情复杂，法律适用困难等，这就要求法官必须充分发挥自己的主观能动性来灵活应对,运用自己的审判经验、伦理价值以及各种法律法理方法来进行裁判。在运用人工智能技术对司法审判进行干预时,不能一味地依靠技术,而是要充分考虑到各个行业、各个行业的特殊性,不然就会影响到法官的公正和公正。

因此,应当建立一个以法官为主导、人工智能为辅助的审判体系,在庭审中既要发挥人工智能系统的辅助作用,又要将法官的专业知识和社会生活经验相结合,对案件进行综合推理。法官应当在充分运用人工智能技术的前提下,加大对技术开发方的控制力度,并对其行为进行严格的规制。在审判实践中,应当把握好人工智能技术的适用范围,应当确立其辅助地位,应当强化对人工智能技术的指导。目前,我国的司法案例呈现出"案多人少"的局面,因此在庭审中必须借助人工智能的辅助,否则,法官将面临着各种不同的烦琐数据,并要花费大量的精力和时间去查找与案情有关的资料。此外,通过人工智能系统的介入,能够对法官的审判过程进行全程监控,对司法案件进行形式化的法律审查,能够保证判决的正确性。构建人主智辅的审判体系,需要从以下方面着手:

第一,利用先进技术充分发掘智能技术的"工具化"价值,在司法实践中,这种工具性的价值是普通的助理法官无法媲美的,智能辅助本身没有人类的情感能够完全理性地保持中立。

第二,重视大数据的作用和法律价值。法官可以通过系统查询出相关案件的全部信息,能够促进不同区域不同层级直接裁判信息的联通和交流,因此更需要对数据输入的标准进行严格的把关,并进行深度的数据挖掘,发挥出数据在司法活动中的最大价值。

第三,协调好法官和智能辅助系统的关系。应当以法律的形式界定二者的地位,建立以法官为主体、人工智能为辅助的审判架构,从而使人工智能审判辅助系统在司法实践中发挥更大的作用。

(二)合理对接法官自由裁量权

司法审判活动不仅仅是对个案进行绝对是非判断,更要求法官通过审判向社会传达法治理念和法律意识,成为塑造社会主流价值观的一部分。这使得法官面临更高的要求,需要充分运用其法律专业知识,结合个人价值判断对案件进行法律推理,确保平衡审判各方的利益。同时,随着司法审判与智能技术的深度融合,智能技术成为法官的助手,提高司法效率和质量,方便当事人诉讼。在司法过程中,借助技术手段不仅有助于法官精准查明事实,还能更快速获取相关法律知识,有效提升司法服务水平。通过技术手段实现社会公平正义的价值追求也是司法的重要任务,因此需要合理协调法官的自由裁量权,使人工智能更好地赋能司法。

合理协调法官的自由裁量权首先需要协调法官与人工智能司法审判辅助系统之间的关系。要激发法官的主观能动性,充分发挥其在裁判文书中的理论论证责任,实现良性互动,实现优势互补,以更好地维护司法权威。对于人工智能得出的审判结论,法官应将其仅视为一种参考,并对参考行为进行严格规范。目前,对法官的评估主要依据两方面:一是法官在做出判决后,案件上访数量和比例,直接影响法官的年度考评;二是在使用人工智能系统审理案件时,若审判责任界定不明确,法官可能将判决结果归咎于人工智能系统。为规避此风险,法官在一定程度上可能依赖或采纳人工智能辅助审判系统的建议。因此,确保人工智能技术与法官的自由裁量权对接,对判决结果进行充分论证和解释至关重要。

二、明确法官责任主体地位

(一)否定人工智能责任主体地位

目前用于司法审判的人工智能系统属于弱人工智能,缺乏自主思考能力,主要通过算法模拟人的思维行为,无法进行案件的价值判断,因此不能成为承担法律责任的主体。首先,需要明确能够承担法律责任的是强人工智能,而我们目前处于弱人工智能阶段,其发展尚不成熟,成为强人工智能还需要很长时间。弱人工智能主要通过模仿人类深度学习,按照技术人员设置的代码和算法进行相关数据分析和整合,无法在司法实践中进行类似法官的价值判断,缺乏法理与情理的综合考量,因此不能取代法官成为责任承担主体。换言之,虽然人工智能是智能产物,但其工作原理与人类有本质差异。

因此，尽管人工智能系统可以模仿人类学习思考，做出案件决策，但不具备人类感受疼痛的能力，也不会像人类那样面临不可避免的生死问题。

虽然随着科技的发展，弱人工智能向强人工智能转变是必然趋势，但当前仍需承认技术存在一定缺陷和风险。如果法律现阶段将人工智能司法审判辅助系统认定为真正的责任主体，将其作为人类的竞争者和权力主体，可能导致人类失去在审判活动中的主动性，严重侵害司法的权威性。因此，对于人工智能的法律责任问题，需要谨慎评估技术的发展阶段和局限性，确保法律框架与技术的演进相适应，保护司法体系的权威和稳定性。

人工智能系统具备了作为法益对象所应具备的物质性特点，它的特点主要有：①预设性，智能系统中的算法和程序都是由人为设定的，不同智能系统中的算法代码是有差异的，该系统不能在自己没有被进行预设的领域内对相关信息进行处理；②机械性，弱其工作方式是根据算法和程序来收集和处理信息，但它并无法预知信息处理的法律后果，缺乏人类特有的信息感知能力和主动学习能力；③更新换代具有一定局限性，它的算法和程序都是靠人来维护和更新的，而不能自我升级，若人工智能上面的所有特征都符合法律客体的有关特征，所以应该把它纳入到法律客体的范围之中，而且应该用法律来明确地规定智能系统的法律客体地位；④对人工智能系统进行法律问责的途径也存在着局限性。利用人工智能系统来对案件展开司法判决，如果系统内部发生了错误，从而导致了当事人的诉讼权益受到了损害，那么就只能够用物质赔偿的方式来给当事人提供救济，而不能应用于对人进行惩罚的那些类似的方式。由于人工智能没有痛觉，所以刑法典中的缓期、监禁等刑罚对它没有任何威慑力，而一旦它对法律中的刑罚有了免疫力，那么就会出现一片"真空地带"，从而导致了它的法律责任承担。因此，若法律承认了人工智能司法审判辅助系统的责任主体地位，无异于将人类置于劣势不平等的地位。随着人工智能系统的智能化程度越来越高，人类有可能会遭受到人工智能系统的反噬。

（二）增强法官责任主体地位

人工智能的出现和发展并非旨在取代人类，而是为了辅助人类进行烦琐的数据分析和案件整理工作。当前科技发展迅猛,人工智能不断更新换代,一些理论学者已开始深入研究,以确保法官和当事人在法律和司法审判中的主体性地位。未来,无论人工智能技术发展到何种程度,即便智能系统具备类似于人类思维能力,但在没有人的情况下,司法活动仍难以正常进行。

在判决过程中,司法工作人员需避免过度依赖司法技术。如果法官仅根据人工智能系统的预测做出判决,法官将沦为人工智能系统的傀儡,司法主体性地位将受到威胁。因此,司法部门应从法律角度确立人工智能的辅助地位,规范司法活动和程序,防止司法人员过度依赖人工智能系统。同时,应规定司法人员只能将智能系统的审判预测作为一种参考。

人工智能的发展是一种趋势,而人类主导庭审工作是司法的基石,不可动摇。因此,需要在人工智能与人类主导庭审之间进行权衡,提出切实可行的方案。这样可以更好地享受人工智能技术带来的便利,同时明确人工智能在司法工作中的辅助性定位。

2022年12月9日,最高人民法院发布《关于规范和加强人工智能司法应用的意见》,要求加强人工智能全流程辅助办案,人工智能辅助结果仅可作为审判工作或审判监督管理的参考,司法责任最终由裁判者承担。在人工智能时代,不断地完善司法责任制,其执行的核心是,由法官独立行使审判权和自由裁量权,进行审理和裁判,案件处理结果宣布之后,法官要对自己审理案件的质量终身负责,出现问题后不能因为时间、岗位和职务变化而免责。比如医生使用仪器设备为病人看病,医生会先根据设备的内容来判断病人的情况,据此给出治疗意见,但是若设备失效给出了错误的内容,患者只会要求医生承担责任,而不会追究设备或者设备研发者的责任。无独有偶,法律领域也是如此,在错案发生时,当事人不会直接要求审判辅助系统承担错误判决的责任,而是会找到法官本人,因此要通过法律的形式将法官的责任主体地位确立下来。

三、构建算法公开与保护制度

(一)增设算法设计者公开义务

公开算法是应对算法黑箱现象可能损害司法公开的措施,保护隐私是在公开算法过程中需要引起注意的一个问题，公开算法和保护隐私之间有着非常重要的关系，应对算法黑箱损害司法公开的风险，需要在公开算法和保护隐私之间找到平衡。所谓"公开算法"，就是将人工智能在司法审判中使用到的算法逻辑公之于众，这也是一种制度上的安排。算法的隐秘性使其本身会带来司法不公，因此需要通过披露算法来解决这一难题。具体来说，从制度层面上，应当要求人工智能的设计人员必须主动地向公众公布算法，以满足公众知情权的要求。这就要求算法的设计者通过各种方法公开算法，首先要利用一定的渠道方便人们查看，比如通过官方网站或者权威媒体，由于算法具有极强的专业性，普通大众对其理解存在障碍，考虑到这个问题，算法设计者在公开算法内容的同时，还应负有对算法内容进行解说的义务，也就是说，关于公开算法的制度设计，不仅应要求算法的设计者主动对算法进行公开，而且在公开的过程中还要对算法负有说明的义务，以帮助人们对算法有真正的理解。对算法的公开仅仅是一种较为理想的情况，算法公开有一个障碍，那就是对商业秘密的保护，如果强行要求算法设计者公开算法，则有可能会使其商业秘被泄露，从而对算法设计者自身的经营造成影响，而如果注重对算法设计者商业秘密的保护，则有可能会造成司法公开的损害。

（二）强化算法规制的立法

目前，人工智能的定义非常广泛，涵盖了大多数软件公司使用的常用工具和流程，例如"专家系统""统计方法"。定义不明确，导致该概念涵盖过广的问题领域，大大增加了该法规的适用范围，超出了人工智能特定的风险，并最终会导致与合规相关的巨大的法律不确定性。因此，应当重新审视概念定义，并澄清人工智能、机器学习、深度学习、算法、自动化流程和"传统软件"之间的区别。同样，人工智能价值链中不同参与者（即人工智能系统的开发人员、生产者和用户等）的角色和责任普遍存在不确定性。大多数与高风险系统相关的义务定义广泛，没有充分区分不同参与者具体角色，最终将主要的合规负担置于生产者身上。

1. 应用前审查监督立法

在人工智能时代，最重要的问题之一就是如何保证算法的公开性和透明性。算法"黑盒"所带来的潜在危害性已受到社会各界的高度关注，需要按照风险程度划分不同的"透明"界限，并对其进行必要的审核和监管。首先，完善算法分级体系，将其按照不同的应用场景和不同的决策结果进行分类，将其分为无风险、低风险、中风险和高风险；其次，构建有效的算法监管体系。《新一代人工智能发展规划》中明确指出，要构建完善、开放、透明的人工智能监管制度，实施"设计责任"与"应用责任"相结合的"两级监管架构"，从算法设计到产品研发到结果运用的全过程监管，从"设计责任"到"产品研发"再到"结果"的全过程监管。

对整个过程的监管，主要体现在两个层面：一是企业对算法的审核责任，二是政府对算法的监督权。首先，互联网服务平台应当积极履行对算法进行审核的责任。其次，就是机构对将要实施的程序的评价和复审。对算法进行全程监督，应包含备案和随机抽查两个方面。

2. 应用中权益保障立法

确立协同治理的监管体系框架。协同治理通常被认为更适合高度监管复杂系统产生的难以计算的风险，对这些风险监管者和立法者不太可能拥有专业知识。协同治理，至少在理论上，应该非常适合改善算法以及围绕它们的复杂的人类系统。可用的人类行为数据不断增加，与机器学习的进步相结合，导致我们越来越依赖算法来解决复杂的社会问题。应通过法律强制实施算法审查，评估机器学习性能，以增强算法决策的公平性，估算法推理的合法性、问责制、透明度和安全性。构建由研究人员、从业人员、决策者、用户、第三方专业检测机构等组成沟通联系的监督平台，在现实世界的算法决策过程中共同参与开发、部署、评估和审查，最大限度地提高公平性和透明度。同时，鼓励算法公开，支持开放算法的发展。

3. 应用后确权问责立法

学习在使用算法后所带来的法律结果和怎样被追究责任的问题。由于算法本身的不透明性，导致法律效果被侵犯后，责任主体的认定困难，导致法律效果不能得到有效的追究，成为法学界的热点问题。迫切需要对算法的可解释性和算法解释权进行深入的研究，对计算方法的操作进行复盘，找到特定的原因，完善法律责任。法律责任是对算法进行监管的最后一种、也是最强大的工具。在这种新的、未知的工具面前，要想打开它的"黑箱"，就必须要科技工作者与立法工作者、司法工作者齐心协力，才能使算法更好地服务于社会，造福于人类。

四、完善司法大数据的法律规制

（一）完善司法大司法数据处理规则

要人工智能技术对数据有着极强的依赖性，司法大数据的权威来自数据的质量，因此必须要优化数据，只有大数据更全面、准确，人工智能在进行数据分析时得出的结论才更加可靠，因此完善数据分析系统、加强对数据的收集管理以及提高数据的应用水平，显得至关重要。提升司法数据的质量，主要可以从以下三个方面对数据收集处理的制度设计进行考虑。

第一，为了更好地保障数据的完整性，建立全面收集数据的规则十分必要。应首先贯彻不涉密的裁判文书公开上网的原则，无论是新做出的裁判文书还是之前的裁判文书，都要在网络上公开，以便智能系统纳入数据库中，增强数据库的完整性和全面性。此外，要在合法的条件下扩大公开的内容和范围，例如案件诉讼材料和庭审笔录均可有序公开。法官在裁判时可能受到各种因素的影响，因此通过建立数据全面收集规则，能够使法官更好地把握审判行为。

第二，确立虚假数据消除规则。算法歧视可能受到数据真实性的干扰，进而影响司法公正。数据的虚假性主要体现在主审法官的论证说理与内心真实想法不符，如果智能审判辅助系统基于虚假数据进行审理活动，得出的结论必然不可信。因此，消除虚假数据的方法不仅需要从数据处理上入手，还需要在制度设计层面，敦促法官加强对裁判文书的说理和解释论证，并作出真实的意思表示，不能掩饰或隐瞒，以增强司法大数据的真实性。可以考虑将裁判文书的论证行为纳入绩效考核，作为对法官审判活动的评价标准。

第三，建立司法大数据共融共享机制。人工智能司法审判系统的数据若仅限于法院上传的数据，可能导致片面性。应与其他领域、政府部门甚至具有权威性的私企的数据进行共融共享，实现对数据的跨部门、跨领域高效采集，以提高司法大数据的利用效率和精准程度。通过数据的优化整合，还能削弱算法歧视的影响，一定程度上防范司法不公的风险。

(二) 完善个人信息保护制度

我们在谴责"黑箱操作"的同时，也应该思考未来该如何规范它，而不是让它一直处于"黑箱"状态。尽管人工智能可以自主做出判断，并且不需要人为干预就可以进行自我修复，但是对于特定的产品可能存在的风险，设计人员和开发人员无法精确预测，因此，人工智能的安全性问题不容忽视，有必要在司法大数据公开中，构建对个人信息的规制体系，从以下两方面展开保护：对私密数据进行脱敏、对部分司法数据进行模糊处理、完善反爬措施和保护机制。

1. 构建私密数据保护机制

（1）对个人敏感信息的处理要慎之又慎，要加强对敏感性信息的保护。比如只有征得本人的同意或者是出于维护社会公共利益的需求，才能使用一些敏感性的信息。因此，要建立个人敏感性信息安全保障体系，将大众的身份信息、联系方式、职位身份等数据资料纳入自动化管理的范畴，并对管理规范作出限定和要求，确保处理的审慎性。在中国裁判文书网上公开相关信息时，还应当对涉及秘密机密的信息进行模糊化脱敏处理，仅公开案例的大概情况，不会损害司法的公开性和权威性。

（2）在使用个人敏感性信息的过程中，需要对其进行适当的模糊化处理。个人敏感性信息要考虑是否征得本人同意，使用的时候后台是否开启了隐私保护功能，尽量减少敏感性信息被识别或泄露的可能性。比如，在法院庭审直播的过程中，可以对不愿透漏身份信息的人采用马赛克的方式，使其不被公众识别。此外，为了防范司法数据被非法分子不正当爬取，应当对已公开的数据展开审查，如庭审直播这种实时播放的司法数据，可以对其进行延时处理，给在审判过程中出现的紧急情况以及不方便公开的信息，留下了应急反应的时间。

（3）在采集数据时，要遵循合法性和合理性的原则。从正当性原则出发，对个人信息的利用应以征得有关主体的同意为前提，并应尽量减少其被认定的风险。运用理性原理，进行资料收集时，只需要收集必需的资料。除此之外，为了更好地保障当事人的救济权利，应当赋予当事人有关数据的知情权。他们有权要求相关机构公布有关的预测结论，并对其中涉及的数据进行质疑和反对，从而更好地评估这些预测结论的可信度。有学者认为，在司法大数据和人工智能的运用中，应当更加重视个人数据的安全，从而保证个人在面对机器做出的影响其权利的决策时，有权考虑其个人的观点，有权了解机器的推理逻辑，有权拒绝机器的决策。

（4）构建一套完善的信息数据安全保障体系，以确保数据的安全性和完整性，包括对个人信息资料进行统一管理，并对资料进行分类和分类，以便更好地进行管理和应用。例如，贵州法院为强化对司法大数据中的个人信息的保护，对其进行了分类，并实行了分级保护，逐渐健全了法庭的信息系统安全和保密制度，以及信息系统的数据备份管理方法。

2. 优化司法大数据反爬取措施

为了防范非法爬取数据的行为，需要建立完善的数据反爬取机制。爬虫技术使用户能够无限制地获取任何司法数据，并且难以追踪爬取者的行踪，对后续使用行为缺乏有效监管。以官方庭审公开网站为例，尽管最高人民法院出台了一系列规定，删除了涉及个人信息、家庭秘密和商业秘密的信息，并对涉及当事人姓名的信息进行了隐名化处理，但在法庭上仍可以看到一些证据信息和个人信息。此外，在法庭上，并没有明确的信息保存期限，为非法爬取行为创造了条件。目前的反爬虫措施仅在中国法院网站的底部附有一条备注：未经许可，不得下载，不得使用，不得创建镜像，但却没有任何关于非法爬取法院数据的规定。因此，应完善反爬取技术规制，防止非法人群的不当使用，加强对风险用户的检测和防范，通过限制游客 IP、准入验证及签订用户协议的方式，明确禁止用户进行庭审数据挖掘和销售等不正当使用行为，预防非法爬取使用行为。同时，应明确对侵权用户的封号处理、暂停服务以及进行诉讼等权利的处罚和维权措施，严厉打击恶意侵权行为，以维护公正、公平的司法环境，保障用户的合法权益。

第五章 智能时代下的在线诉讼机制及其完善策略

第一节 在线诉讼及其未来发展

随着互联网的发展,在线诉讼作为一种新兴司法形态应运而生。它以信息技术为支撑,通过数字化和网络化方式开展各项司法活动,涵盖了当事人诉讼、审判执行、诉讼服务、司法管理等多个方面,形成了从起诉、立案到宣判、执行各个诉讼环节的全新模式。近年来,以网络化、数字化、智能化为核心的信息化浪潮蓬勃发展,数字技术的颠覆性影响和变化已经深刻改变了人类的生产生活方式。在这一背景下,在线诉讼不仅为诉讼制度的发展和诉讼方式的革新提供了广阔的发展机遇,也带来了诸多不可回避的现实难题。作为一种新兴事物,在线诉讼仍处于发展和上升阶段,不仅自身面临着诸多技术和实践上的挑战,而且在理论界和实务界,对于在线诉讼的基本理念、适用范围、运行规则和技术应用等方面存在着诸多争议。因此,如何明确并解决这些问题,并在法律层面加以规范,从而推动在线诉讼更加成熟、更加规范,是当前需要深入研究的重要议题。

一、在线诉讼的兴起与发展

(一)在线诉讼的兴起

在线诉讼的兴起是数字时代的必然产物。数字时代的最本质特征是在线,它已经深刻融入社会运行的各个层面,甚至成为一种普遍的技术创新和价值需求。在线的形态打破了物理世界的时空限制,意味着信息传递、交流、留存、呈现和使用方式的根本改变。诉讼作为法院及当事人等各方主体信息的交互过程,得益于信息技术和互联网的深度介入,实现了诉讼材料的实时共享、诉讼流程的公开透明和审理程序的全程留痕,从而在实体和程序两个层面上带来了巨大的变革。互联网的发展对社会治理体系和治理模式产生了深远影响,人民法院必须抓住技术变革带来的时代机遇,适应互联网时代的发展趋势,推动实现审判方式、工作模式、运行流程和管理机制的深刻转型。

随着数字时代的全面到来,人民群众对在线诉讼的需求日益增强。诉讼本身旨在解决社会问题,推进在线诉讼是满足人民群众互联网时代司法需求的必然选择。在线诉讼拓展了当事人参与诉讼的渠道,使其能够在线下诉讼和线上诉讼之间自由选择,从而满足了当事人接近正义的司法诉求,有利于当事人的诉权保障。在线诉讼还利用信息技术的客观性、便捷性、时效性和智能性等优势,保障了当事人的各项权利有效行使,增强了程序的参与性、合理性和公正性。此外,在线诉讼让当事人能够跨越空间和时间参与诉讼,通过在线诉讼平台,随时随地参与诉讼,避免了时间和经济成本的浪费,更好地满足了互联网时代当事人的多元司法需求。

推进在线诉讼是统筹兼顾司法公正与效率的有效路径。近年来,全国法院案件数量持续增长,单纯依靠增加法官数量并不符合政策要求和现实逻辑。解决这一问题的关键在于利用信息化提高审判能力,运用现代科学技术节约司法成本、实现司法公正高效。在线诉讼模式能够有效整合优化各种办案资源,提升办案质量和效率。通过在线诉讼,可以更好地融合智慧法院建设成果,为法官认定事实和适用法律提供必要的技术支持,有利于统一法律适用,进一步提高办案质量和效率。

(二)在线诉讼的发展

自2015年起,部分地方法院率先探索在线诉讼的新模式。在浙江省高级人民法院的引领下,一些地方法院开始在其辖区开展电子商务网上法庭试点,集中审理网络支付纠纷、网络著作权纠纷、网络交易纠纷等案件。随后，杭州、北京、广州三家互联网法院的成立进一步推动了在线诉讼模式的发展。这三家互联网法院在在线审理、平台建设、诉讼规则、技术运用、网络治理等方面进行了积极探索，并取得了显著的成效，为在线诉讼模式的扩展和深化提供了宝贵经验。

自2018年以来，各地法院纷纷借鉴互联网法院的经验，结合当地的互联网纠纷和互联网产业特点，组建了互联网审判庭、合议庭或审判团队，为在线诉讼模式的全面推广奠定了坚实基础。各地法院对在线诉讼的实践主要分为两种模式。

一种是全流程在线审理模式。杭州、北京、广州三家互联网法院大部分案件都已实现了全流程线上运作，让当事人从"少跑路"变为"一次都不用跑"。这些互联网法院共受理了大量案件，审结率极高，在线立案申请率、在线庭审率和电子送达使用率都达到了较高水平。在线诉讼之所以能够实现全流程在线，主要有以下原因：一是案件的特点，大多数都是涉及互联网的案件，当事人基本具备网上诉讼能力，同时在线诉讼的便捷性和低成本也吸引了当事人选择在线诉讼；二是证据的特点，这些案件的证据基本上都在网上生成和存储，互联网法院依托打通的跨部门数据平台，能够实现证据的在线导入或提交，而且证据通常是电子数据，几乎不需要核对纸质原件；三是技术的特点，这三家互联网法院的诉讼平台比较完善，应用了诸如人脸识别、图像识别、语音识别、云视频、云计算、区块链技术等，有效保障了全流程在线审理的顺利进行。

另一种是"线上＋线下"融合模式。除了互联网法院之外，各地法院大多采取了"线上＋线下"的并行模式，利用"人民法院在线服务"平台或各自研发的在线诉讼平台，根据当事人的意愿和案件具体情况，在线完成部分诉讼环节。全国已建成的科技法庭能够支持远程视频庭审，许多法院已经全部对接了"人民法院在线服务"平台，在线诉讼规模和质量、效率不断提升，形成了线上和线下并行的诉讼模式。案件是否适用在线诉讼，需要法院结合案件性质、特点、证据类型、社会关注度等因素综合判断。例如，对于涉及国家安全、国家秘密、重大涉外、涉港澳台案件，一般应当全案线下审理；对于当事人众多、证据材料繁杂、案情复杂的案件，也不宜适用在线庭审，因为这类案件缺乏对庭审的直接控制，并且需要对大量证据材料进行电子化处理，此时采取在线庭审的效果可能不如传统的线下庭审，但这类案件的立案、调解、送达等环节仍然可以在线完成。

从实践探索到制度规则，人民法院在推动在线诉讼发展的过程中不断进行积极努力。最高人民法院颁布了一系列相关规定和规则，明确了在线诉讼的程序要求和实践标准，使各类在线司法活动具备了合法性基础。从地方规范来看，各地法院根据自身审判工作实际，对在线诉讼规则进行了细化和完善。在线诉讼程序规则的不断完善，使得在线诉讼的发展更加规范有序，模式不断成熟定型。

在国际范围内，在线诉讼早已成为一种趋势。许多国家和地区都意识到了在线诉讼在司法领域应用的巨大潜力和拓展空间。例如，美国、奥地利、印度、德国、韩国、英国、新加坡等国家都在不同程度上推动在线诉讼的发展，引入了各种数字技术和在线平台，以提高司法效率和服务质量。可以说，在线诉讼已经成为全球司法改革的重要组成部分，为实现司法公正和高效提供了新的思路和途径。

二、在线诉讼的基本特征

通过近年来理论研究的深入和司法实践的完善，在线诉讼模式主要呈现以下四个方面的特征：

（一）权利保障性

在线诉讼的权利保障性是其重要的价值导向之一，体现在诉讼活动的便捷性、有效性和权利保障方面。在线诉讼致力于在维护诉讼方便性与有效性的同时，更加注重保障当事人的诉讼权利。在线诉讼应以尊重当事人意愿为前提，确保当事人享有充分的选择权、知情权和异议权。法院在各个环节和关键事项上应当充分提示告知当事人，使其在全面了解在线诉讼方式和后果的基础上做出判断和选择。例如，《人民法院在线诉讼规则》明确规定电子送达需以当事人同意为前提，并拓展了同意方式，包括事前约定、事中行为和事后认可,并提倡当事人选择电子送达。同时,规定了法院电子送达的附随要求,即通过短信、电话、即时通信工具等方式作出提示和通知,以确保送达的准确性和效率性。可以说,在线诉讼并未削弱当事人的权利,反而以更经济有效的方式实现了当事人的各项诉讼权利。

（二）程序规范性

在线诉讼的程序规范性是确保司法活动合法、公正、高效运行的基石。首先,它体现在严格遵循现行法律法规及司法解释的基本原则上。在进行在线诉讼时,必须严格依循现行法律法规的规定,不能随意突破或违背司法程序的基本规则。诉讼是一项极其严肃的活动,不应以所谓改革或便捷为名,而损害现有法律规定的权威性。对于法律尚未明确规定,且无法进行适用的情况,但又迫切需要在线诉讼规范化的情形,应在维护正当程序原则的前提下进行探索,以保障当事人的合法诉讼权益,维护程序的公正性。需要强调的是,尽管科技在司法领域的应用具有积极意义,但并非所有技术应用都是无懈可击的。不当的技术运用可能损害诉讼活动的基本价值追求,特别是当过度追求诉讼效率时,可能会影响到诉讼的公正性。

因此,在确定在线诉讼的适用范围和深度时,需要综合考量公正与效率的平衡,避免偏颇。从根本上说,国家立法应积极回应在线诉讼规范化的需求,既要符合诉讼目的和价值要求,又要兼顾技术应用和实践操作,并为未来技术发展留下空间。

（三）模式融合性

在线诉讼呈现出以下两个方面的融合特征:

首先,技术与规则的融合。这两者相辅相成:信息技术的应用是前提和基础,而程序规则的明确则是底线和保障;技术为规则提供支持,规则则约束技术的应用范围。

其次,线上与线下的融合。在线诉讼呈现多样化的形式,全流程在线审理是一种形式,而在部分环节线上、部分环节线下也属于在线诉讼。考虑到诉讼的规范性和技术的灵活性,从长远来看,线上与线下相互融合将成为在线诉讼模式的常态和主流趋势。

（四）方式便捷性

"在线诉讼作为我国民事诉讼繁简分流司法改革的新支撑"[①]，在线诉讼的最显著特点在于其能够跨越时空限制，超越人力限制，使当事人和法官能够借助新技术减轻负担、降低成本、提高效率。尽管目前一些法院还存在着程序不便捷、流程不畅通、平台使用体验不佳等问题，但随着相关技术的不断发展，一整套在线诉讼规则不断健全、在线诉讼配套机制持续完善、平台系统功能不断优化，在线诉讼的高效便捷价值将更加突显。

三、在线诉讼的未来发展

近期，中共中央、国务院印发《数字中国建设整体布局规划》，要求按照夯实基础、赋能全局、强化能力、优化环境的战略路径，全面提升数字中国建设的整体性、系统性、协同性，促进数字经济和实体经济的深度融合，以数字化驱动生产生活和治理方式的变革，为以中国式现代化全面推进中华民族伟大复兴注入强大动力。要完善数字经济治理体系，健全法律法规和政策制度，完善体制机制，提高我国数字经济治理体系和治理能力现代化水平。具体到司法领域，就是要不断更新完善司法审判的基本理念和工作模式，以互联网司法的发展为契机，主动融入时代大势和国家战略，持续深入推进数字司法和在线诉讼建设，以审判体系和审判能力的现代化促进国家治理体系和治理能力的现代化。

（一）在线诉讼的发展趋势

当下，随着网络空间治理需求不断增长，在线诉讼作为司法领域的一种具体体现，正日益发展壮大。它已成为与传统线下诉讼同等重要的司法审判新模式，并随着人民法院三大在线规则的制定出台，进一步推动了在线诉讼模式的规范发展，为在线诉讼体制机制的成熟定型奠定了坚实的基础。未来的发展趋势显示，随着互联网对经济社会生活的深刻影响和科技的不断进步，在线诉讼将成为各级法院普遍适用的工作方式。在组织载体方面，技术

[①] 曾俊荣. 在线诉讼的程序法困境剖析[J]. 贵阳市委党校学报, 2022 (2): 51—57.

能力的提升和规则体系的完善将推动在线诉讼平台由分散走向整合，形成覆盖全国各级法院的统一系统网络，实现更高水平的一致性和标准化。适用范围方面，司法实践经验的积累和互联网纠纷的不断增长将使在线诉讼的适用更加针对和精准，明确合理的适用场景，更好地发挥其快捷高效的制度优势。

在程序规则方面，司法需求的多元化将促使在线诉讼规则体系的健全和完善，各级人民法院将通过不断探索和创新，反哺促进相关规则体系的发展。然而，值得注意的是，在线诉讼的发展也受到当事人的互联网技术能力和法院技术保障水平等因素的影响。因此，在推进在线诉讼的过程中，各级人民法院应根据自身技术条件和诉讼环境，稳妥有序地推进，防止在智慧法院建设中走形式主义路线，避免简单要求"一刀切"或"强推硬上"的做法，确保智慧司法建设的顺利推进。

（二）司法制度理念的拓展

一个健全的司法制度应该紧密贴合公众的实际需求，解决生活中的各种问题。如果司法制度只关注自身的程序和规范，而忽视了公众的需求，那么这样的制度就失去了意义。随着人们对司法体系的不断探索和技术的不断进步，在线技术的应用将远远超出我们的想象。当前的诉讼法律体系主要针对传统的线下诉讼行为进行规范，这是对线下民事诉讼运作规律的一种认识和总结。然而，随着在线诉讼的发展，将这些线下审理的理念简单地移植到线上审理，可能显得过于僵化。新型诉讼方式的实践必然对诉讼理念提出新的挑战和要求。

在线诉讼推动了诉讼程序制度的全面变革，进一步丰富了传统诉讼理念的内涵和外延，包括但不限于亲历性、当事人程序选择权、直接言词等方面。这促使诉讼制度更好地适应数字经济的发展趋势，更好地满足互联网时代的司法需求。同时，世界各地的司法系统都在不断探索更加高效、更加廉价的纠纷解决方式，朝着在线法院和数字化发展的方向迈进。例如，英国学者理查德·萨斯坎德提出了法律工作"大宗商品化"的概念，认为未来的法律工作将更多地倾向于非律师化、异地化、外包化等方式，这将对传统的法律理念提出新的挑战。互联网技术也为共享法官和当事人选择法官提供了可能性。通过应用颠覆性技术如区块链，可以改变现有的业务模式，实现法官跨院、跨域共享，这将是对传统诉讼理念的又一次创新发展。

（三）完善在线诉讼的激励与规范机制

在线诉讼作为一种崭新的诉讼参与方式，正在改变传统诉讼模式下人们之间的交流方式。然而，其推广需要诉讼参与者适应的过程，并需要相应的激励和规范机制。一方面，针对法官和法官助理需要调整既有的办案习惯，我们应该从主动性入手，加强对办案人员技术应用能力的培训，让法官们亲身感受技术带来的便利和司法效率的提升，从而逐步改变原有的审判思维和工作方式；另一方面，对于当事人和诉讼代理人，我们也要积极支持他们适应在线诉讼的新趋势。应该加强法律职业共同体的建设，支持律师事务所为参与电子诉讼设置专门的场所。在比较法方面，一些国家如德国、韩国为了促进电子诉讼的发展，对政府、律师、公证员等专业人士强制推行电子诉讼。在实践中，我们可以通过签订协议、颁布文件等方式，明确赋予那些天生具备电子诉讼能力和条件的特定主体推行电子诉讼的责任和优先适用电子诉讼的义务。

在线诉讼推进过程中，我们也需要特别加强对法庭礼仪和诚信诉讼的控制和规范，以保障电子诉讼的高效性和庭审过程的严肃性。同时，随着在线诉讼的发展，诉讼程序规则也将不断细化完善，解决在线庭审纪律的维护问题、在线证人作证模式选择问题、电子证据真实性的审核问题、电子卷宗的归档管理问题、电子送达的效率和验证问题等。

此外，考虑到在线诉讼过程中案件及当事人数据信息被非法使用及泄露的风险，我们还需要制定更为严格、更为具体的安全保障法律规范，涵盖数据主体的赋权保护、数据处理行为的法律规制以及监督机关的职责确立等方面，从而对在线诉讼中的数据安全问题进行法律规范。

（四）互联网时代司法技术操作的优化

在互联网时代，如何运用互联网思维构建全新的诉讼参与模式，实现法院工作与互联网等高新技术手段的全覆盖、跨界融合与深度运用，探索出一条具有中国特色、符合中国法治发展需要的司法为民之路,已经成为社会综合治理的重要课题。随着数字化、智能化的飞速融合发展,我国的智慧政务、智慧司法、智慧治理等重大建设方案纷纷落地。在这些方案的实施过程中,司法人工智能无疑将扮演关键角色并承担重要使命。法院信息化建设从1.0到3.0的升级,实际上是法院由单纯强调内部信息化管理向更加注重外部电子法律交往的转变过程。展望未来,人工智能技术与诉讼的融合发展将是大势所趋,电子诉讼制度的发展将伴随着智慧法院建设向更高阶段迈进。这不仅是司法操作的变革,更是我们更新法律思维和理念的机遇。

例如,在"人机对话"过程中,大量的人机交互的过程性事务可以通过智能化方式完成。又如,在电子诉讼中,区块链存证技术的应用领域也将逐步拓展,如证据存证、电子送达存证等。尽管在线诉讼拥有"算法+数据"的优势,但也需要平衡技术与司法的内在冲突与张力,恪守技术伦理,防止因技术过度运用而影响司法公正。

目前,浙江、四川等地正积极推进全域数字法院建设,旨在最终建成全业务平台通办、全时空泛在服务、全流程智能辅助、全领域资源整合、全方位制度变革的现代化法院。这为在线诉讼的进一步发展建设提供了参照思路:积极拥抱新兴技术,大力推广5G、区块链、人工智能等最新技术在司法领域的落地场景,建成高层次、常态化、系统性的司法技术研究平台和系列辅助机构,促进司法智慧与技术应用的深度融合;尽快研发建立全国法院统一权威、互联互通的诉讼平台和信息网络,完善技术接入标准,健全技术应用规则,严密数据安全保障系统。

(五)培养适应在线诉讼要求的司法能力

除了在线诉讼的发展趋势外,还需要进一步探索适配在线诉讼的司法工作机制与司法人才队伍的培养方案。

首先,当前,复合型人才欠缺,人才培养模式不清晰、不成熟、不系统,是制约互联网司法建设的基础性、前提性问题。亟须健全完善人才培养体系和模式,加强司法机关与高校、科研机构的沟通协作,通过联合培养、合作共建、交流挂职、特殊人才引进等形式,抓紧建设一支既精通法律、熟悉司法又掌握技术的复合型人才队伍。

其次，需要进一步加强各类司法工作人员对在线诉讼的理解与认识。无论是在线诉讼的业务开展、审判经验、案件管理，还是对在线诉讼相关技术的实践运用、知识更新等方面，都需要结合在线诉讼的基本特征与规则前提，进行相应有针对性的学习和培训。例如，区块链技术与证据的融合，在线诉讼平台的技术操作，离不开相应知识的补充与学习。

再次，建设在线诉讼的律师队伍，遵循合法性原则、信息技术标准原则和符合律师职业定位原则，构建包括律师对在线诉讼的接受规则、诚信规则和技术规则等主要制度，并与《人民法院在线诉讼规则》等形成综合配套的在线诉讼制度体系。

最后，加强对在线诉讼协助人员的业务培训。例如，涉及证人在线作证的司法所、县（区）乡（街道）矛盾纠纷调处化解中心、村（居）民委员会和社区服务中心等协助在线诉讼开展的工作人员，需要进一步加强法律与技术培训的力度。

当前，推进数字技术与诉讼制度、司法工作的深度融合是大势所趋、民心所向和法治所需，但又方兴未艾、任重道远。虽然在线诉讼在我国司法实践中已取得不小的成效，但其作为新兴事物仍处于发展和上升阶段。在巩固实践成果和借鉴域外经验的基础上，我们仍然应当秉持实事求是的精神，遵循司法规律，理性研究解决其中面临的诸多问题，努力推动在线诉讼向规范化、专业化、精细化方向发展。

第二节　在线诉讼当事人程序选择权

划定在线诉讼程序选择权界限，确定其所属范围是充分发挥当事人选择权作用的前提，为了明确该权利之范围，构建探讨之基础，对当事人程序选择权概念进行辨析，区分在线诉讼程序选择权的特殊性和新颖性，明确在线诉讼程序选择权的概念与法律性质，探讨权利之下的思想理念。按照法律效力、适用条件、行使方式等内容，分类归纳在线诉讼的程序选择权，清楚各类程序选择权的特征与运行机制，避免不同情形下程序选择权的混同使用。

一、在线诉讼当事人程序选择权的内涵解读

"在线诉讼借助网络技术嵌入的方式，实现了审理质效的提升。"[①] 在线诉讼的发展不仅意味着诉讼方式的变革，更需要考虑到当事人程序选择权的内涵。当事人程序选择权源于对当事人主体地位的肯定，体现了对个性化利益需求的尊重，并在高效与公正之间进行权衡，这是司法现代化的重要特征之一。程序选择权的理论基础源自程序主体性原则，即当事人有权处分自己的实体权利和程序权利，因此应当有权选择程序，这体现了对当事人的关怀。

在线诉讼中，程序选择权的内容和适用条件有所不同于传统诉讼。首先，丰富了程序选择权的具体内容，涵盖了诉讼流程的多个环节，如庭审方式、证据提交方式等，并提供了更多的选择空间，例如线上、线下甚至混合模式。其次，新增了一些程序选择权的限制，特别是在特殊情况下，部分程序可能受到限制。最后，对程序选择权的保障提出了新的需求，特别是在数据安全和技术保障方面，需要更加重视，以保障当事人的权益和选择权。

在线诉讼的发展是司法为民理念的重要体现，通过智能化、网络化的方式为当事人提供更加便捷、高效的司法服务，满足他们多样化的需求。建立多元化共享型诉讼服务平台，利用智能系统和区块链等技术，为当事人提供全方位的司法服务，不仅有助于解决纠纷，更能实现司法服务的一站式提供，帮助当事人了解法律、评估风险、拟写起诉书等。通过互联网与诉讼服务的深度融合，司法能够更好地服务于民，实现"司法为民"的宗旨。

二、在线诉讼当事人程序选择权的法律性质

在线诉讼当事人程序选择权的法律性质可视为程序性诉讼权利的一部分。在民事诉讼中，当事人享有的程序选择权是其自主决定是否行使以及如

[①] 丁朋超，覃玉华. 论在线诉讼中当事人陈述权的保障 [J]. 探求，2023（4）：47—55.

何行使诉讼权利的一种表现。这种选择权并非直接影响实体权利的处分,而是涉及到诉讼本身的程序利益。因此,它属于程序性诉讼权利的范畴。

程序选择权的特点在于,它并不直接触及争议的实体利益,而是关乎程序上的自由取舍。当事人可以根据自身利益倾向,选择在线诉讼或线下诉讼等不同方式,以达到减少成本、节约时间,或获得更多仪式感和亲身体验的目的。因此,它并不需要像处分实体权利那样获得特别授权,而只需获得当事人的一般授权即可。但为了确保当事人的选择权和知情权,与当事人进行充分沟通,明确在线诉讼的利弊以及法律后果仍然十分必要。

另外,程序选择权也可被视为程序形成权的一种体现。在民事诉讼中,程序形成权指的是当事人仅凭一方决定或双方协议的行为即可引起权利产生、消灭和变更,无需法院审查或只需进行形式性审查,即可产生法律效果的权利。在线诉讼程序选择权的行使往往涉及当事人的重大权利或是程序利益,而其产生的法律效果也不依赖于法院的实质审查。因此,程序选择权可被归类为程序形成权的一种表现,其行使应受到法院的尊重和保护,不应受到过多的干预和限制。

在线诉讼当事人程序选择权的法律性质既涉及程序性诉讼权利的范畴,又体现了程序形成权的一部分。在立法和司法实践中,应当充分尊重和保障当事人的程序选择权,确保其行使的自由和有效性。

三、在线诉讼当事人程序选择权的类型划分

(一)主动程序选择与被动程序选择

在线诉讼当事人程序选择权的行使方式可以分为主动程序选择和被动程序选择,也可称为积极性程序选择和消极性程序选择。

主动程序选择是由当事人按照自己的意愿,主动向法院申请适用在线诉讼。在这种模式下,当事人的选择具有主动性,法院则在审查其是否满足在线诉讼的形式要求后决定是否适用在线诉讼。然而,仅依赖当事人的主动选择可能不利于在线诉讼的发展,因此需要法院积极引导。

相反,被动程序选择是指法院根据职权认定案件适用在线诉讼,并主动引导当事人接受或拒绝适用在线诉讼。在这种模式下，当事人通过被动或消极的方式来接受或拒绝在线诉讼的适用。被动程序选择的方式包括口头同意、平台确认、书面同意以及主动在在线平台上进行诉讼行为等。

虽然被动程序选择是在法院的建议下作出的，但最终适用在线诉讼的决定权仍归属于当事人。这种模式通过法院的主动介绍和推荐，可以弥补当事人对在线诉讼了解不足的问题，提高在线诉讼的使用率，从而提高公众对在线诉讼的知晓率和接受度，同时也体现了当事人在诉讼中的主体地位。

（二）单方性程序选择与合意性程序选择

《人民法院在线诉讼规则》出台之前，学界对于在线诉讼的适用方式多有争议，可区分为"单方说""合意说""区分说"三种观点。

"单方说"认为启动在线诉讼无需各方当事人均同意适用，任何一方当事人都可以无需征得对方当事人同意，直接向法院申请适用在线诉讼，法院可仅对申请或同意适用方单独适用在线诉讼，"线上＋线下"的混合诉讼模式并不会对程序造成实质性影响，因而在线诉讼的启动无需双方当事人一致同意。

"合意说"主张适用在线诉讼需要双方当事人形成相同的意思表示，尽管采用混合诉讼模式，这里的同意也必须取得双方都同意，否则混合式在线诉讼只会延宕诉讼进程。

"区分说"认可混合诉讼模式的合理性，但这种合理性需要限制在必要范围内，根据诉讼行为的类型，划分为单方选择诉讼行为和合意选择诉讼行为。单方诉讼行为主要是当事人与法院之间，或是当事人之间的传递行为，例如起诉、送达等，这类行为往往具有流程性特点，单方选择在线诉讼不会影响到对方当事人实质利益，允许当事人单方选择更契合当事人的程序需求。合意选择诉讼行为，是指需要当事人之间直接接触的诉讼行为，主要包括庭审过程中的诉讼行为，法院则需要特别确认双方是否合意选择在线诉讼。

"合意说"的观点虽然有利于维护在线诉讼的稳定性，但会导致大幅度降低在线诉讼的使用率，不利于当事人利用信息技术接近正义，相反，让倾向线下诉讼的当事人适用在线诉讼，又会导致当事人程序选择的不公平。就目前各法院在线诉讼平台建设水平而言，当各方当事人对于在线诉讼程序选择产生分歧时，采用"在线诉讼＋线下诉讼"的混合诉讼模式并不存在技术上的障碍，可以满足各方当事人程序选择的差异化。《人民法院在线诉讼规则》就当事人是否需要对程序选择达成相同的意识表示的问题，建立以"单方说"为原则，"合意说"为例外的在线诉讼程序选择制度，一般情况下，在线诉讼程序选择只需单方同意即可，双方就在线诉讼适用意愿无法达成合意时，采取同意方线上，不同意方线下的混合诉讼模式，但在异步审理模式下，特别适用"合意说"，以各方当事人共同选择为适用前提。

（三）全程性程序选择与阶段性程序选择

根据当事人在诉讼过程中对在线诉讼的选择方式，可以将在线诉讼当事人程序选择权分为全程性程序选择与阶段性程序选择两种类型。

全程性程序选择是指当事人明确选择或者被推定同意所有诉讼程序均通过在线诉讼的方式进行。在这种情况下，当事人主动表示或被认为默认同意在线诉讼的所有环节。相比之下，阶段性程序选择则是当事人仅在某个或某些具体环节选择适用在线诉讼，而在其他环节选择传统的诉讼方式。这种选择方式要求当事人明确说明具体适用的阶段，即具体性选择，法院则不得直接在线进行其他诉讼环节。

《人民法院在线诉讼规则》第四条规定，当事人明确表示选择或同意对具体诉讼环节适用在线诉讼的情形，强调了阶段性选择的明确性。如果当事人在某一具体阶段没有明确选择在线诉讼，可能会被推定同意全程性在线诉讼，法院在这种情况下无需在每个环节前征求当事人的同意。

阶段性选择需要当事人作出明确表示，而全程性选择可以是明确表示，也可以是被推定同意的。然而，推定同意可能与当事人的真实意愿相悖，因为当事人在无知情况下被动选择全程性在线诉讼，可能会损害其程序利益，甚至引发对在线诉讼的反抗心理。然而，严禁推定全程性程序选择可能会增加法院的确认工作和在线诉讼的成本，削弱其高效运行的特性，与在线诉讼追求的效率价值相抵触。

四、在线诉讼当事人程序选择权的法理基础

在线诉讼程序选择权法理基础在于程序主体性原则与处分原则，当事人作为主要的诉讼程序参与主体，有权根据自己的诉讼需求，自主选择于己有利的程序以及程序性事项，自由支配程序权利。在线诉讼程序选择权的制度设计，实现诉讼的程序多元化，提供全面的线上诉讼服务，回应不同当事人的利益偏好，以实现诉讼程序利益最大化，有利于当事人在在线诉讼中感受到"数字正义"。

（一）程序主体性原则

当事人程序选择权的法理基础之一是程序主体性原则。这一原则根植于宪法的基本程序权，旨在确保当事人在诉讼程序中享有平等地位。在民事诉讼中，当事人是不可或缺的主体，其程序自主性是程序主体权的核心内涵。这意味着在合法范围内，当事人有权自主选择和承担责任，而程序选择权则是这一自主性在程序制度上的具体体现。

在线诉讼的程序选择权尤其体现了当事人主体地位在互联网司法中的核心地位。这一选择权赋予了当事人根据自身利益和判断自主选择在线诉讼的权利。它激发了当事人自主行为的主动性，有利于保障其对程序利益的差异化追求，并起到了制衡法院审判权与当事人诉权的重要作用。

然而，程序主体性原则不仅仅在于当事人对程序的自由选择，还包括充分保障当事人的知情权。法院在开展在线诉讼前应当明确告知当事人有关在线诉讼的具体环节、诉讼形式以及选择或同意适用在线诉讼可能产生的法律后果。这种做法有助于确保当事人理解在线诉讼并进行妥当主张，从而均衡双方当事人的诉讼能力。

程序主体性原则不仅是保障当事人程序自主性的基础，也是维护司法公正与效率的关键之一。在在线诉讼中，尊重和保障当事人的程序选择权以及知情权，有助于促进在线司法的发展与受理度，并为缓解司法执行难题提供有效策略。

（二）处分原则为指导

在线诉讼当事人程序选择权的法理基础之一是以处分原则为指导。随着

民事审判方式改革和民事诉讼法的修正，当事人在民事诉讼中的地位逐渐上升，要求对当事人的诉讼权利和法官的权力进行互相制衡，以确保处于名副其实的地位。处分原则要求在法律规定的范围内，当事人有权自主决定行使实体权利与诉讼权利的方式和内容。在民事诉讼中，当事人处分实体权利通常是通过处分诉讼权利来实现的。如果没有当事人对程序权利的自由支配，就无法实现对实体权利的自由支配。因此，当事人的程序上的处分权是实体处分权的必然结果和自然延伸。

实现当事人的程序选择权的前提是存在多元的程序机制供当事人选择。从法经济学的角度来看，诉讼程序不仅是一个物质消耗系统，也是一个时间消耗系统。要权衡民事诉讼的经济性，就必须考虑用最低的物质和时间消耗来取得最大的诉讼收益。在线诉讼的出现大幅减少了诉讼中投入的人力、物力和时间，符合民事诉讼经济性的要求，因此将在线诉讼纳入程序选择的范畴，为当事人提供了更具经济性的诉讼方式。

《人民法院在线诉讼规则》以处分原则为指导，规定了合法自愿的基本原则，并以法官阐明机制、当事人程序启动机制、程序转换机制为核心，落实了当事人在线诉讼的程序选择权。在这一规则中，"当事人同意"是适用在线诉讼的必要条件，当事人可以在法律规定的范围内自主决定和取舍程序利益，以避免因适用某种诉讼模式导致实体利益受损，这体现了处分原则在《人民法院在线诉讼规则》中的具体化。

（三）数字正义的价值追求

在线诉讼当事人程序选择权的法理基础中，数字正义的价值追求成为了重要的指导原则。正义作为法治永恒的价值追求，在数字化时代被数字正义所引导和约束，以确保数字技术在司法领域的应用符合公平和正义的准则。在线诉讼的发展打破了传统司法中接近正义的种种现实阻碍，在线诉讼有效地解决了案件积压的问题，保障了当事人的权益。在这一过程中，数字正义的追求促成了在线诉讼的发展，使得司法逐渐走向互联网空间的"接近数字正义"。

数字正义在在线诉讼当事人程序选择权中的表现形式包括分配正义、程序正义、互动正义和信息正义。分配正义要求合理分配数据资源和司法服务的权利，让每个当事人都能平等参与在线诉讼并享有平等的机会。程序正义则要求在线诉讼平台提供透明度、参与度和可救济性，使当事人能够清晰了解程序选择的权利和义务，并且保障其退出在线诉讼的权利。互动正义强调法院与当事人之间的协商与沟通，帮助当事人根据自身情况选择最优的诉讼方式，并保障其程序选择权。信息正义则要求在线诉讼平台的透明性和公开性，确保数据采集、分析和应用的过程公开透明，接受当事人及公众的监督，从而建立信任和可持续发展的基础。在这样的法理基础下，数字正义的追求成为在线诉讼发展的重要动力，推动着司法系统向着更加公平、透明、高效的方向迈进。

第三节　在线诉讼真实义务制度及其完善策略

随着在线诉讼的全面推广，真实义务作为民事诉讼中的重要组成部分被赋予了新的内涵。要想解决在线诉讼真实义务理论与实践中的适用所面临的难题，必须厘清在线诉讼真实义务的概念和法律属性，对比在线诉讼真实义务和传统线下诉讼真实义务概念的异同，以此作为之后理论研究的基础。

一、在线诉讼真实义务制度的基础内容

（一）在线诉讼真实义务的概念界定

在线诉讼作为一种高效利用计算机网络技术的诉讼审判方式，在实现诉讼过程的高效进行方面发挥着重要作用。而真实义务的概念，则是在诉讼中要求当事人如实、完整地陈述案件事实的法律要求。

在线诉讼真实义务的讨论，目前主要集中在对当事人真实义务的研究上。不过，德国、中国台湾等地区的民事诉讼法中，已经明确规定了未成年被告及其法定代理人、律师等其他参与人的真实义务。在日本和美国等国家，律师的真实义务也备受重视。

相较于传统线下诉讼，在线诉讼中真实义务的适用范围更广泛。除了要

求诉讼参与人如实、完整陈述事实外,还包括身份真实、电子化材料的真实以及证人真实等方面。因此,在线诉讼中,不仅需要对当事人进行真实义务的约束,还应对代理人、证人等其他诉讼参与者进行约束,以规范其行为,保障在线诉讼程序的顺利进行。

(二)在线诉讼真实义务的理论基础

在线诉讼的发展旨在保护当事人的合法权益、确保案件公平审理、维护司法公正,并提升司法效率,从而推动社会正义的实现。任何在线诉讼制度的建设都应该遵循这一核心价值目标,不应以牺牲程序正义为代价来追求效率。在民事诉讼中,效率和公正常常需要在权衡中取舍,但在线诉讼的情境下,往往更倾向于追求程序效率而非程序正义。在线诉讼的实践着重于提高效率、降低成本,以此带来更快速的纠纷解决过程。

在线诉讼真实义务在这一背景下显得尤为重要,它体现了在线诉讼对公正价值的追求,要求当事人的诉讼行为必须符合实质公正的基本原则。传统线下诉讼中,当事人行使权利可能受到主观因素的影响,但在线诉讼则通过约束当事人的真实义务,要求其按照法律规定和事实真相行使权利,从而保证诉讼过程的公正性。在线诉讼真实义务也扩展到了其他诉讼参与者,如代理人和证人,要求其在诉讼过程中保持真实、客观的态度,不得故意扭曲事实或误导法庭。

在线诉讼真实义务的另一个重要意义在于促进诉讼效率。在线诉讼要求当事人按照诚实信用原则行事,确保所提供的信息和材料真实可信,避免不必要的延误和重复。同时,双方当事人需在规定时间内提交必要的电子材料,以减少诉讼拖延和司法资源的浪费。这一举措不仅降低了诉讼成本,提升了诉讼效率,还有利于实现争议解决的双赢效果。

虽然效率和公正在某种程度上存在着权衡与取舍,但在线诉讼真实义务的设立旨在在提高效率的同时,兼顾程序正义,从而实现在线诉讼的根本目标。

(三)在线诉讼真实义务与传统线下真实义务的比较

在线诉讼与传统线下诉讼相比,具有两个显著的特征:一是行为的非现场化，二是交互的电子化。这两个特征带来了在线诉讼真实义务与传统线下真实义务的明显区别：

首先，在线诉讼可能会对直接言词原则产生冲击。在传统线下诉讼中，当事人在面对法官时以言词形式进行陈述，这有利于反映案件的真实情况，确保审判结果的公正。然而，由于在线庭审的虚拟特性，直接言词原则的实施变得更加困难，甚至可能违背这一原则。在线诉讼过程中，法官无法观察到当事人的面部表情和肢体语言等现场因素，这对法官判断案件真实性构成了挑战。另外，在传统线下诉讼中，法庭的庄严和肃穆氛围会约束当事人的行为，促使其做出真实陈述。然而，在线诉讼中，由于物理空间的隔离，法庭的庄严氛围可能受到削弱，从而减少了当事人做出真实陈述的动力。

其次，区别于传统线下诉讼，法官在在线庭审中发现案件真实的难度更大。在线庭审通过电子屏幕将法官与当事人隔开，削弱了庭审的真实感和现场感。这可能导致法官忽略当事人的言行，仅仅依赖证据材料和法律规则做出判决。另外，证据的电子化使得法官不易看到原件，增加了事实认定的难度。在线诉讼过程中，法官难以约束当事人的行为，也难以及时纠正其违反诉讼程序的行为，这使得法官发现案件真实的程度在线上与线下有所不同。

在线诉讼真实义务与传统线下真实义务在陈述真实程度和法官发现真实的要求上存在明显差异。在线诉讼的虚拟特性给真实义务的履行带来了新的挑战，需要进一步加强约束以确保在线诉讼的顺利进行。

(四) 在线诉讼真实义务的内容

真实义务制度的建立，旨在帮助法官在审理案件中找出事实真相，防止诉讼参与人的虚假陈述，阻碍诉讼进行，提高诉讼的效率。在传统的线下，真实义务的内容主要有两种：一是真实陈述义务、二是完整陈述义务。然而，除了上述两种义务之外，在线诉讼真实义务还因审判模式以及证据形式的改变而产生的新的内容。在线诉讼真实义务的制度研究有必要梳理在线诉讼真实义务的内容。

1. 在线诉讼证人真实义务

在线诉讼的有效性在很大程度上取决于证人的真实陈述，因为他们既是案件事实的见证者，也是案件证据链的重要组成部分。在线诉讼证人真实义务的增加是必要的，以确保在线庭审的顺利进行和司法公正的实现。

（1）证人的真实陈述有助于加快案件审理的进程，降低查明案件事实的难度，维护司法公正和保护当事人的权益。因此，证人在作证时必须如实陈述事实，不得隐瞒或歪曲事实。这样的真实义务适用于在线诉讼中，使证人的证言能够有效地支持案件的审理。

（2）在线诉讼中，证人的证言可能会受到一些影响，例如通过观看庭审直播获取信息，从而影响证人的真实陈述。为了避免这种情况的发生，法院需要采取一些措施来确保证人证言的真实性。这可能包括规定证人在作证前不得旁听庭审，以及在证人作证时采取特定的摄像装备布置和庭审纪律说明等措施。

（3）尽管在线诉讼的参与方式相比传统线下庭审更为便利，但证人的真实义务仍然至关重要。在线诉讼的场所自由性和法庭威慑力减弱可能影响证人的客观陈述，因此，法院需要通过明确的规定和说明来约束证人的行为，以确保其证言的真实性和案件审理的公正性。

增加在线诉讼证人真实义务是确保在线庭审顺利进行和司法公正实现的关键一步。通过对证人行为的规制和约束，可以有效地提高在线诉讼的效率和公正性，从而更好地维护当事人的合法权益。

2. 在线诉讼身份真实义务

在线诉讼的迅速发展带来了身份认证的重要挑战。在传统线下庭审中，当事人在开庭审理时需要通过法官或书记员核实身份，以确保诉讼参与方的身份真实性。然而，在线上诉讼中，身份认证变得更加复杂，因为无法面对面地使用身份信息原件进行核实，这增加了法院判定真实诉讼参与人身份的难度。

为了应对这一挑战，我们需要增加在线诉讼身份真实义务。这包括制定有效的身份验证手段，例如运用生物技术识别和公安部门合作共享身份信息数据库。此外，身份真实义务应尊重当事人的意愿自治，确保在线诉讼的公正性和有效性。对于非法认证行为，应立即暂停在线诉讼程序，并进行信息纠正和变更。授权登录行为则可以让当事人自主处分诉讼权利，从而解决在线诉讼中身份信息泄露和盗用的问题。

身份真实义务是在线诉讼中不可或缺的一部分，必须得到所有参与者的遵守。通过充分尊重当事人的自愿原则和有效的身份认证手段，我们可以保障在线诉讼的公正性和有效性，维护当事人的合法权益。

3. 在线诉讼电子材料真实义务

在线诉讼中，案件事实的真实性是法官做出裁判的基础，而证据则是案件事实的重要表现形式之一。在传统线下诉讼中，当事人提交的诉讼证据通常要求出示原件原物，以确保其真实性。然而，在线上诉讼中，要求当事人必须线下到场提交原物原件显然不符合追求诉讼效率的初衷。

因此，需要增加在线诉讼电子材料的真实义务。首先，电子材料的内容和提交方式，明确了在线录入的电子材料和扫描保存的实体文本材料，并为当事人提交提供了便捷的方式。其次，电子材料真实性认定的标准，包括审查电子数据的完整性、可靠性和来源的正当性等，以确保证据的真实性。此外，对于电子化材料的真实性认定不能直接推定为原件，以免加重当事人的证明责任，保障双方当事人的诉权平等。在线诉讼真实义务要求当事人禁止提交虚构的电子材料，并可比照传统线下诉讼签署保证书，以保证其真实性。

增加在线诉讼电子材料的真实义务是确保在线诉讼公正有效进行的重要举措。通过明确规定内容和提交方式，以及严格审查真实性，可以有效保障在线诉讼中电子材料的真实性，维护当事人的合法权益，确保诉讼程序的公正性和有效性。

二、我国在线诉讼真实义务制度的完善

（一）完善在线诉讼真实义务制度规定和适用

在线诉讼作为一种新型审判模式，在我国的实践中一直在不断探索发展，相关制度的完善也在逐步进行。《人民法院在线诉讼规则》的颁布标志着我国在线诉讼制度迈出了重要一步，但对在线诉讼真实义务的规定尚显不足。笔者认为，在完善在线诉讼真实义务制度方面，应采取以下策略：

首先，在《人民法院在线诉讼规则》中应明确规定在线诉讼参与方的真实陈述义务。除了原告、被告等主体外，还应明确规定了第三人、未成年人及其法定代理人或诉讼代理人等在在线诉讼中的真实义务。这样的规定能够更全面地覆盖在线诉讼中可能涉及的各方，确保他们在诉讼过程中的真实陈述，从而维护诉讼程序的公正性和有效性。

其次，对于在线诉讼中的代理人，应适当扩大其真实义务的适用范围。参考美国民事诉讼相关法律的规定，代理律师应当被纳入真实义务的主体范畴，并要求其在诉讼过程中履行积极的真实义务。这样的规定能够有效防止代理律师与当事人合谋或指示当事人提出虚假陈述，从而维护司法公正和诚信原则。

此外，在线诉讼庭审过程中，要求当事人的陈述达到客观真实，以平衡当事人与法官之间的利益。参考德国对在线庭审的严格要求，我们也应要求在线庭审的内容能够在听觉和视觉上同时进行，并要求被讯问人在讯问前或讯问后具结，以确保诉讼过程的客观真实性。

通过明确规定真实陈述的义务主体和范围，以及要求陈述达到客观真实，可以进一步完善在线诉讼真实义务制度，保障诉讼程序的公正性和有效性。

(二) 完善在线诉讼真实义务制度的适用阶段

在线诉讼作为新时代背景下涌现出的审判模式，应当沿袭并发扬光大。然而，当前我国法律和司法解释对于在线诉讼真实义务的具体适用并未有明确规定，这成为在线诉讼立法中的一个重要问题。针对真实义务的适用，日本采取了将其精神渗透于法律的做法，通过引导整个诉讼程序来维护真实义务。我们可以借鉴日本民事诉讼法的做法，并结合诚实信用原则的指引，将在线诉讼真实义务贯穿于民事诉讼的各个阶段，以此来提升诉讼效率、接近正义，符合民事诉讼的根本目的。

首先，在完善起诉阶段的适用方面，应对原告当事人进行约束，防止其故意捏造虚假事实和理由提起诉讼。我们可以借鉴英国的事实申明制度，设立真实起诉确认制度和个人诚信档案制度。通过要求当事人在提交诉状时确认真实起诉，并建立诚信档案，以此约束原告的诉讼行为，防止虚假诉讼的发生。

其次，在增设庭前准备阶段的适用方面，应要求当事人在举证阶段遵守真实义务。为防止双方提出虚假证据或恶意争执，可以要求当事人签署保证书，并在交换质证意见中如实陈述，以确保在线诉讼证据交换阶段的真实性。

再次，在完善审判阶段的适用方面，应规范当事人在庭审阶段的陈述行为。我们可以设立当事人宣誓制度，在庭审开始前要求当事人签署并宣读保证书，保证陈述内容的真实性，以此规范当事人在庭审过程中的行为。

最后，在增设执行阶段的适用方面，应要求当事人在在线执行阶段提供真实的相关信息，并制定违反真实义务的后果，以确保在线诉讼执行中真实义务的履行。通过这些措施，可以更好地规范在线诉讼中当事人的行为，提高诉讼效率，促进司法公正。

（三）完善在线诉讼真实义务制度的配套措施

德国民事诉讼法为了使真实义务履行效率最大化，把法官的阐明义务与真实义务相结合。日本也在真实义务的基础上衍生出了文书提出命令和阐明权等一系列的制度。美国也充分利用庭前准备程序推进民事诉讼当事人真实义务在该国的有效实施。因此，我国的在线诉讼真实义务司法实践中也可以与其他制度相互配合，保障在线诉讼过程中真实义务的适用。

1. 完善法官在线阐明义务

在线诉讼真实义务的实施需要配套措施，而法官在线阐明义务则是其中的重要环节。法官阐明义务是在审判过程中，通过对当事人诉讼主张的引导，保障民事诉讼程序的顺利进行的一种救济手段。面对新的诉讼审判模式，为保障在线诉讼真实义务的有效实施，我们可以借助法官在线阐明义务来提供必要的引导和保障。

在线诉讼中，法官应当积极强化说明和告知义务，充分尊重和保障当事人的在线诉讼权利，不得随意增减其诉讼权利义务。对于当事人不理解或不明确的在线诉讼真实义务,法官应当及时解释说明,并告知其违反真实义务可能产生的法律后果。此外,由于数字技术的专业性和复杂性可能导致当事人之间诉讼权利的实质不平等,法官可以适当发挥主观能动性,平衡双方的对抗,促进真实义务的履行。

在在线庭审过程中,法官应当及时制止当事人的敷衍或拖延行为,并告知其相应后果,以规范在线庭审的秩序。针对当事人对电子证据的提交或操作不当可能导致的问题,法官也应当告知其相关攻击防御手段的缺陷,以保障当事人的诉讼权利,为真实义务的实施提供平等的诉讼环境。

然而,值得注意的是,法官在线阐明义务的执行必须保持中立,并受到辩论主义要求的约束。在平衡双方的权利义务之后,法官才能对违反真实义务的一方进行追究。在线阐明的程度和范围应受到限制,不得具体指导当事人如何行事,以充分尊重当事人的权利义务为前提。

2. 完善技术层面的支持

在大力推进"智慧法院"建设的背景下,全国统一的在线诉讼平台的建设正在加速实现,这将使各级法院间的数据共享成为可能。然而,在线诉讼中,涉及当事人身份认证、电子证据材料的真实性以及在线庭审陈述的认定等问题,都受到了法院电子诉讼平台设备更新和完善以及区块链等技术方面的挑战。这意味着,在线诉讼真实义务面临着更为复杂的挑战,现行法律条文已经不足以应对日益增多的在线虚假或恶意诉讼行为。

因此,有必要在技术层面上加强在线诉讼真实义务的支持。最高人民法院在2021年发布的对虚假诉讼进行整治的工作意见中提出了一些有效举措,其中包括建立虚假诉讼"黑名单"制度,记录违反真实义务的行为,直接对当事人的信用评价产生消极影响。此外,可以利用法院的诉讼服务中心作为宣传媒介,全面宣传在线诚信诉讼,提高当事人对真实义务的认识。

在技术支持方面,可以构建网络信息共享平台,使法官和当事人可以及时获取与案件相关的信息,便于双方了解对方的主张和接触的证据,从而降低虚假诉讼的风险。此外,完善诉讼服务功能也是至关重要的,要确保双方当事人在在线诉讼中地位平等,消除技术适用程度上的差异,为在线诉讼的顺利进行提供保障。

另外，在技术上，可以借助区块链技术来保障电子化数据的真实性和完整性。区块链技术的应用可以确保数据的不可篡改性，从而为在线诉讼中的证据认定提供更可靠的依据。然而，需要注意的是，尽管区块链技术能够提供有效的身份确认和形式化验证，但并不能保证其实质性的真实性。因此，在对电子化数据进行区块链存证时，法官仍需依据证据的具体情况和自身经验进行全面的判断。

3. 完善当事人在线宣誓具结制度

为了加强在线诉讼中当事人的真实义务，我们可以借鉴域外国家的做法，完善我国的在线宣誓具结制度。传统的具结宣誓制度在我国民事诉讼法中并未明确规定，因此有必要做出以下完善：

（1）可以在在线诉讼材料提交过程中引入当事人的签字担保和真实证据的提供要求。在法庭的在线诉讼系统中设置提示，要求诉讼参与人严格遵守诚信信用原则和在线诉讼的真实义务，并在下一步操作前进行确认。

（2）在庭审准备阶段，可以召集各方当事人进行实物证据的交接，并要求各方当事人签名证实实物证据的真伪。在在线庭前会议上，当事人发表的质证意见经系统平台记录并签署保证书，以确保其陈述的真实性。

（3）在庭审过程中，当事人的陈述是一种证明方式。因此，在案件审理过程中，当事人必须做出书面承诺或签署书面承诺，以证明其陈述的真实性，否则将依法承担相关责任。

法院向当事人详细说明在线诉讼中如实陈述的责任和违反的后果后，双方在具结宣誓程序完成后需在具结书或宣誓书上签名或加盖公章。这样法院可将其作为证据性表述，以保证双方在在线诉讼开庭过程中能够诚实地陈述，发挥宣誓具结制度的潜在威慑力，捍卫司法的秩序和权威。

（四）完善违反在线诉讼真实义务的法律后果

公民在享有自由和权利的同时，也应当意识到，这些权利的行使应建立在不损害他人、社会和国家利益的基础之上。在线诉讼中，作为公民的当事人应当遵守真实义务，确保其行为合法、诚实，不损害司法程序的正常运行和他人的合法权益。然而，仅仅依靠法律规定和内在的道德规范是不够的，对于违反在线诉讼真实义务的行为，必须有明确的法律后果加以规定，以严厉打击违法行为，从根本上保障在线诉讼的正常进行。因此，本文将从多个方面探讨违反在线诉讼真实义务的法律后果，以明确对违法行为的惩罚和制约。

首先，违反在线诉讼真实义务的行为将导致诉讼行为无效。在线诉讼中，虚假陈述的发生可能会严重影响法官对案件事实的认定和证据的评估，使得法院难以正确认识案件真实情况，进而影响判决结果的公正性和准确性。因此，法院将拒绝采纳虚假陈述的内容，使得违反真实义务的诉讼行为失效，无法作为定案依据，从而导致当事人的诉讼权利无法得到保障。

其次，违反在线诉讼真实义务的行为将承担诉讼费负担和罚款。诉讼过程中，违反真实义务的行为可能会增加对方当事人的诉讼成本，例如误工费、鉴定费、律师费等，给他人造成不必要的损失。因此，法院可以根据具体情况要求违法行为方承担相应的诉讼费用，并对其进行罚款，以弥补因虚假诉讼行为而给他人造成的损失，维护司法的权威和公正。

再次，违反在线诉讼真实义务的行为将自动生成诚信报告，影响个人或企业的信用评价。通过自动化决策程序对违法失信行为进行评估，并将其记录在信用报告中，以供社会各方参考。这将导致个人或企业信用评级下降，影响其在社会生活和经济活动中的发展和交往，增加了违法失信行为的社会成本和惩罚力度。

最后，违反在线诉讼真实义务的行为可能会导致侵权责任和刑事责任的承担。侵权责任方面，对于因虚假陈述而造成他人损失的行为，受害人可以提起侵权损害赔偿之诉，追究违法行为人的民事责任。在刑事责任方面，对于严重违反在线诉讼真实义务的行为，例如恶意诽谤、虚假诉讼等，可以构成犯罪行为，受到刑事处罚。法院可以根据具体情况对违法行为人进行刑事处罚，以维护司法的公正和权威。

对于违反在线诉讼真实义务的行为，必须有明确的法律后果加以规定，以保障在线诉讼的正常进行和公正审判的实现。只有通过对违法行为的严厉惩罚和制约，才能有效地维护司法的权威和公正，确保法律的实施和社会秩序的稳定。因此，各级司法机关和相关部门应加强对在线诉讼真实义务的监督和管理，建立健全的法律制度和执法机制，切实保障当事人的合法权益和社会公共利益的实现。

第六章　智能时代下的在线诉讼数据处理与电子化材料

第一节　在线诉讼数据信息的合规处理

一、在线诉讼数据信息合规处理的具体原则

（一）合法原则

合法性原则在规范在线诉讼数据信息处理活动中具有至关重要的地位，其目的在于限制法院的自由裁量权，以保障数据信息主体的合法权益。

首先，合法性原则要求在线诉讼数据信息的处理主体必须合法。在线诉讼涉及多方主体的数据信息，为了确保数据信息主体的合法权益得到充分保护，《人民法院在线诉讼规则》明确规定了法院对在线诉讼数据信息的权利主体地位，并严格要求除法院依法公开的情形外，任何人不得违法违规披露、传播和使用在线诉讼数据信息。因此，法院作为在线诉讼数据信息的唯一合法处理主体，必须履行其处理责任，保障数据信息的安全和合法性。

其次，合法性原则要求处理行为必须合法。只有当处理行为符合法律规定的情形时，才能被视为合法。《中华人民共和国个人信息保护法》（以下简称《个人信息保护法》）和《中华人民共和国数据安全法》（以下简称《数据安全法》）为法院处理在线诉讼数据信息行为的合法性提供了基础，即"为履行法定职责"。这意味着，法院只有在履行其法定职责的情况下才能处理在线诉讼数据信息，否则其处理行为将被视为非法。

最后，合法性原则要求处理目的和方式必须合法。法院处理在线诉讼数据信息时，必须确保处理目的合法，不能侵害自然人的人格尊严、人身自由和人身财产权益，也不能损害社会公共利益或国家利益。同时，在具体的处理方式上，法院必须确保符合法律规定，开展收集、存储、使用和公开等行为时，要遵循法律规定的程序和要求，以保障数据信息的安全和合法性。

合法性原则对于规范在线诉讼数据信息处理活动具有重要作用，通过明确合法处理主体、合法处理行为和合法处理目的和方式，确保了在线诉讼数据信息的安全、合法和规范处理，为维护司法公正和数据信息主体的合法权益提供了有力保障。

（二）正当原则

正当原则是规范在线诉讼数据信息合规处理的重要准则，包括目的正当和手段正当两个方面。目的正当是处理的逻辑起点和基础，只有确保处理目的的正当性，才能保障处理手段的正当性。

首先，处理目的要正当。目的正当要求人民法院在处理在线诉讼数据信息时，应当以增进个人利益或者社会公共利益为根本目的，不能损害他人合法权益，也不能破坏社会公共秩序。例如，法院对在线诉讼数据信息的使用和分析，应当以提升审判质效、实现社会公平正义为目的。目的正当的判定标准包括目的合法性、特定性和明确性，即处理在线诉讼数据信息的目的必须依照法律法规进行，不能随意变更，且应当明确化，保证法院和诉讼参与人对目的具有一致理解。

其次，处理手段要正当。手段正当要求人民法院在处理在线诉讼数据信息时，应当符合社会公众的一般期待和公序良俗的要求。《个人信息保护法》已经明确规定，处理个人信息不得通过误导、欺诈、胁迫等方式。因此，即使在调查核实诉讼证据的过程中，法院拥有国家强制力作为保障，也必须注重手段的正当性，不能违背社会公众的期待和公序良俗的要求。

正当原则对于规范在线诉讼数据信息的合规处理至关重要。只有确保处理目的的正当性和处理手段的正当性，才能有效保障数据信息的安全、合法和规范处理，从而维护司法公正和数据信息主体的合法权益。

（三） 安全原则

安全原则是在线诉讼数据信息合规处理中至关重要的准则，也被称为保密原则。其核心在于人民法院必须采取必要的措施，确保在线诉讼数据信息的安全，以防止数据信息处理过程中出现泄露、窃取、篡改等情况。在线诉讼数据信息不仅涵盖大量个人隐私信息，还可能包含商业秘密和国家秘密等敏感信息，一旦这些数据信息被非法处理，将对个人的人格尊严、人身财产权益以及国家安全构成威胁。

我国多部法律已经明确规定了数据信息处理者的安全保障义务。例如，《中华人民共和国民法典》（以下简称《民法典》）规定信息处理者应采取技术措施和其他必要措施，确保个人信息安全；《数据安全法》要求开展数据处理活动时采取相应的技术措施和其他必要措施保障数据安全；《个人信息保护法》将安全原则作为个人信息处理活动应遵循的基本原则之一，并明确列举了个人信息处理者应采取的安全措施类型。

在在线诉讼场景下，安全原则应贯穿整个数据信息处理流程。在存储环节，可以采取加密、脱敏、去标识化、限制访问等措施对数据信息进行保护；在使用环节，可以利用隐私计算技术，在确保数据安全的前提下，为第三方数据使用提供计算支撑，以实现原始数据的安全使用。确立安全原则不仅能有效保护在线诉讼数据信息，还有助于促进数据信息资源的开发、利用和流通，实现数据安全和资源利用之间的平衡。

二、在线诉讼数据信息合规处理的对策探索

"在线诉讼高效便民的特性契合了现阶段我国繁简分流的司法改革方向，当前我国已初步具备适用在线诉讼的技术条件及社会条件，但需警惕在线诉讼中技术运用对传统法理形成的挑战。"[①] 通过检视在线诉讼数据信息的处理规则和司法实践，发现人民法院在收集、存储、使用、公开等环节均存在不同的合规困境。产生这种困境的成因主要来源于两个方面：一是现行法律

---

① 郑返，穆昌亮. 在线诉讼程序正当性的法理考量 [J]. 湖北工程学院学报，2023，43（1）：109－116.

规范存在不足,二是实践中的做法不到位。人民法院合规处理的前提,是要有明确且具体的法律规范用于指引。

(一)合规收集

将数据信息收集的合法性基础从个人同意转换到履行法定职责,体现的是公私领域的差异处理。虽然人民法院享有一定程度的"同意豁免",但是也应当对其数据信息收集行为加以限制。这种限制首先来自对"法定职责所必需"的教义解释和框定,其次是优化告知义务的规则建构,最后是严格落实告知义务的主体责任。

1. 明确法定职责所必需规范

明确"法定职责所必需"的规范内涵是确保人民法院在收集在线诉讼数据信息时符合法律规定的重要一环。虽然法律未对此作出具体规定,但通过严格的解释与规范,可以明确这一原则的内涵,以避免数据信息主体的合法利益受到侵害,并降低过度收集数据信息可能带来的安全风险和法律风险。

(1)明确"法定职责"中"法"的范围至关重要。作为国家审判机关,法院必须严格遵守"法律保留"原则,其收集行为应以国家名义实施且具有强制性。这种强制性行为的限制应与个人信息主体的决定权由相关法律设定的权利相吻合,避免法院通过自我赋权扩张职责而导致过度收集在线诉讼数据信息的合规风险。

(2)正确理解"所必需"的限度是关键。对于"所必需"的判断应采用比例原则,具体从以下三个方面进行分析:

首先,要求收集的在线诉讼数据信息与法院履行法定职责直接相关,确保没有收集到该类信息将导致无法履行法定职责或诉讼流程无法开展。

其次,收集方式应具有多重选择性,避免单一方式引发的"可选择性"争议。

最后,收集范围应尽可能最小化,凡是法院能够不收集或少收集的信息,在线诉讼过程中应避免收集或者减少收集。

"法定职责所必需"的规范内涵构成了在线诉讼数据信息合规收集的重要指引。通过明确定义和解释这一原则,可以有效降低收集数据信息可能带来的安全和法律风险，保障数据信息主体的合法权益，实现合规收集的目标。

2. 严格落实告知义务的主体责任

严格落实告知义务是法院的主体责任之一，即使在收集诉讼参与人个人信息时无需取得个人同意，也必须适用告知规则。这样做的目的不仅在于尊重个人信息自决权，同时也是贯彻落实公开透明原则，保护个人对个人信息处理的知情权。然而，在司法实践中，法院存在履行告知义务不到位的情况，对此，《个人信息保护法》和《数据安全法》规定了国家机关不履行数据信息保护义务的处罚措施。然而，仅靠责令改正可能存在内部追责不力的问题，因此需要加强法院遵守法律义务的内部和外部监督。

在内部监督方面，法院与行政机关不同，需要借助党内监督的方式对违反法律的党组进行问责，包括书面检查、通报和批评等方式。在外部监督方面，由于国家网信部门对法院监管存在障碍，因此应当确立检察机关的监管职能，对法院不履行告知义务的行为进行监管。

对于违反告知义务的责任，可依据《中华人民共和国监察法》和《中华人民共和国公职人员政务处分法》的规定，采取警告、记过、记大过、降级、撤职和开除等措施。对于法院的直接负责人，如果是党员干部还可以采取停职检查、调整职务和降职等措施；如果是党员则可对其进行警告、严重警告和撤销党内职务等处理。

对于法院收集在线诉讼数据信息存在告知义务履行不到位的情况，应当严格落实主体责任，通过强化内部和外部监督，推动法院收集行为合规化。

3. 优化告知义务的规则建构

优化告知义务的规则建构是确保法院严格履行告知义务的重要一环。在这一过程中，需要进行两方面的优化：一是完善告知义务规则，二是明确不予告知的例外情形。

（1）在完善告知义务规则方面，应分为事前告知和事后告知两个方面。事前告知要求法院在开始收集在线诉讼数据信息之前显著、完整地告知收集的目的、范围、方式等内容，以尊重个人信息自决权，并实现对法院收集行为的全流程监督。而事后告知则包括对告知内容发生变更和紧急事件发生时的补充告知。告知方式应尽量采用留痕的书面形式，尤其是在在线诉讼的情境下，电子书面告知更加高效便捷。救济途径上，应确立检察机关的监管职能，作为在线诉讼数据信息安全的监管机构，行使监管职能，以保障数据信息主体的权益。

（2）在明确不予告知的例外情形方面，《个人信息保护法》已经规定了三种情形，即法律、行政法规规定应当保密、不需要告知、告知将妨碍履行法定职责。这些情形的明确有助于避免法院对不予告知的任意解释，减轻其告知义务的同时确保合法性。

通过以上措施的优化，可以更好地建构告知义务规则，使其更加完善、明确，为法院合规处理在线诉讼数据信息提供更可靠的指引和保障。

（二）合规存储

1. 通过分类分级明确存储期限

在线诉讼数据信息的存储方式通常为在线或云存储，这种存储方式使得庞大的数据信息集群进入了存储中心，但同时也带来了更新迭代和数据存储期限的挑战。现行法律对存储期限的规定较为原则，导致人民法院在合规存储方面存在一定的风险。因此，构建合理的"数据退役机制"，明确数据信息存储期限显得尤为必要。一种行之有效的途径是通过建立在线诉讼数据信息的分类分级存储机制，并根据其类别和保护等级确定相应的存储期限。

（1）需要构建数据信息分类分级存储机制。根据《数据安全法》规定，数据分类分级保护制度应当制定重要数据目录并加强重要数据保护，同时对国家核心数据实行严格管理制度。借鉴此规定，可以以数据信息的属性为标准进行分类，然后根据数据信息的后果进行分级，先分类后分级为逻辑顺序，为存储提供了合规指引。

（2）根据分类分级采取不同的存储期限。对于核心数据信息，应当规定永久存储，因为其关系到国家安全和重要民生，具有重大存储意义。对于重要数据信息，也以永久存储为原则，但可以根据具体情况设定例外存储期限。而一般数据信息的存储期限则需要细致划分，特别是对于敏感个人信息，应进行重点存储和加密设置，并在特定条件下进行处理，如没有法定事由或者为重大公共利益需要时。非敏感个人信息的存储期限相对较短，可以在实现使用目的后适时清理。此外，具有存储价值且应归档存储的在线诉讼数据信息，其存储期限应依据相关法规进行设定。

通过以上措施，不仅可以有效提升人民法院数据信息的存储能力，还可以明确存储期限，从而保障在线诉讼数据信息的安全和合规性。

2. 区块链存储可有效防止篡改

将区块链技术应用到在线诉讼数据信息存储环节，是一项应对数据信息合规存储的有效措施。区块链作为一种新型应用的计算机技术，涵盖了分布式数据存储、加密算法、共识机制等多种技术，其不可篡改、自证其真的特性，有助于增强数据信息存储的真实性，并提高可信度。《人民法院在线诉讼规则》已明确规定了区块链存储数据的效力，进一步推动了区块链在司法领域的应用。

区块链存储数据信息与在线诉讼的网络性相契合。一方面，区块链通过时间戳和哈希加密，为电子数据提供了唯一确定的"数字签章"，确保了数据的不可篡改性，保障了数据的真实性和一致性，实现了对存证电子数据的鉴真。另一方面，将数据信息存储在分布式节点上，即使部分节点受到攻击或部分数据丢失，也不会影响区块链数据信息的完整性和真实性，从而保障了存储的安全性。

推动区块链技术与法律的融合是司法发展的未来趋势和优势。因此，有必要加大区块链技术在在线诉讼中的应用和发展。目前，最高人民法院已建立了"人民法院司法区块链"平台，不仅提升了司法效率，还有效保障了数据信息的安全。此外，各地法院也相继推出了类似的平台，取得了良好的效果。从实践探索来看，利用区块链技术存储电子数据已经初步展开，这是在技术革新基础上的程序和规则再造，也是在线诉讼数据信息合规存储的必然选择。

(三) 合规使用

1. 厘清委托使用的责任划分

对于法院委托第三方技术服务商使用在线诉讼数据信息，其可能侵害数据信息主体的合法权益，因此需要对责任划分进行厘清，以是否合法为标准，分为两种类型进行分类讨论。

(1)"合法性委托使用"，即法院和第三方技术服务商都按照法律规定和合同约定的内容使用在线诉讼数据信息。在这种情况下，若发生侵害信息主体合法权益的情况，责任划分有两种情况：一种情况是，如果委托人即法院有过错，则应按照《个人信息保护法》规定的过错推定责任承担损害赔偿等侵权责任；受托人则不承担侵权责任；另一种情况是，若无法查明侵权行为的责任主体，则适用《民法典》关于共同危险行为的规定，共同承担连带责任。

(2)"非法性委托使用"，即法院与第三方技术服务商违反法律规定或合同约定的情况。对于侵害信息主体合法权益的法律责任也分两种情况认定。

一种情况是，如果第三方技术服务商违反法律规定或合同约定，造成侵害，应根据违约责任承担相应责任，同时还需承担民事、行政甚至刑事责任。法院对第三方技术服务商有监督义务，未尽到监督义务时也可能承担过错责任。受害人可以根据《民法典》规定向受托人追偿。

另一种情况是，如果法院委托目的和方式违反法律规定，法院需承担侵权赔偿责任；如果第三方知道或应当知道违法情况，则需与法院连带承担责任。

因此，对于合法性和非法性委托使用，需要根据实际情况明确责任划分，以保障信息主体的合法权益。

2. 完善委托使用的法律规范

法院与第三方技术服务商的合作是推动在线诉讼平台建设和智慧法院发展的重要途径，然而，缺乏对受托主体资质和委托使用情况的明确规范可能会限制互联网司法的健康发展。因此，完善委托使用的法律规范势在必行，以实现在线诉讼数据信息的合规使用。

（1）需要设立受托主体的准入门槛。法院应对第三方技术服务商进行严格的资质审查，包括企业信誉、运营状况、专业能力和安全防护能力等方面。只有符合相关资质的受托主体才能进行在线诉讼数据信息的使用活动，这样可以有效减少在线诉讼数据信息的安全风险。

（2）委托使用的情形应当明确定义。法律应明确列举法院委托第三方技术服务商使用在线诉讼数据信息的情形，例如，只有在技术条件难以达到使用要求或使用目的情形下才可以委托使用。这样可以避免法院恣意委托第三方进行数据信息使用的情况发生，确保法院履行自身职责。

（3）制定委托使用的负面清单制度。针对涉及国家秘密、商业秘密、个人隐私和个人信息等敏感内容的在线诉讼数据信息，法院应列明不得对第三方委托使用的范围和具体事项。这样可以保护数据信息的安全和隐私，确保合规性。

通过完善委托使用的法律规范，可以有效规范在线诉讼数据信息的使用行为，推动互联网司法的健康发展。

（四）合规公开

1. 以法律为基础：公开范围统一

为了确保法院的在线诉讼数据信息公开行为合规，需要以法律为基础，统一公开范围。

（1）针对在线诉讼数据信息公开范围的分散规定问题，应严格界定公开范围，以实现统一。通过寻找上位法关于公开范围的规定，如《民事诉讼法》《刑事诉讼法》和《行政诉讼法》等，将公开范围进行统一。例如，涉及国家秘密、个人隐私、未成年人犯罪的案件应严格不予公开；离婚案件、商业秘密案件可以依申请不公开。此外，应注重各个环节间的协调，确保庭审环节规定的范围贯通于后续环节，避免数据信息公开上的错乱。

（2）要尽量减少模糊性规范用语的使用，限制法院的自由裁量权，避免滋生权力的滥用。同时，可以将庭审直播与司法公开的考核标准脱钩，防止利益牵连。

除了统一公开范围外，还可以根据在线诉讼数据信息的隐私程度，设定公开机制，如"完全公开—半公开—部分公开—内部公开—内部半公开"，对其进行分级管理，严格规范法院的公开行为，以保障在线数据信息安全。

2. 以技术为支架：匿名化处理

技术是推动在线诉讼数据信息合规公开的关键支撑，而匿名化处理则是其中至关重要的一环。我们不能因新技术的缺陷而望而却步，更不能因旧方式的稳定而故步自封。技术本身是中立的，应当通过拓展技术能力来助推在线诉讼数据信息的合规公开。因此，法院可以利用技术措施为个人信息提供安全保障，同时最大程度地降低在线诉讼数据信息公开的合规风险。在这方面，数据脱敏技术发挥着重要作用，可以对个人信息进行匿名化处理。例如，在公开庭审直播视频中，可以对诉讼参与人的个人隐私信息进行消声处理或者截断处理，对人脸画面采取马赛克技术进行模糊处理，从而使个人信息无法被识别。这种匿名化处理能够有效切断个人信息与特定自然人之间的关联性，降低了信息公开对信息主体隐私的威胁，实现了公开与利用的价值目标。

然而，在进行数据脱敏技术处理时，需要注意以下方面：

（1）要坚持数据信息安全保护与合理利用的平衡，确保信息公开既能响应司法公开制度，又能促进数据信息的社会利用。

（2）需要划定匿名化处理的范围，限制在合理的范围内进行处理，避免过多数据信息的匿名化处理影响法院的日常工作。

（3）把握匿名化的程度，避免过度的匿名化处理导致数据信息缺乏应用价值。法院需要制定匿名化处理的执行标准，明确匿名化的程度，为数据脱敏技术提供规范指引，确保个人信息在匿名化处理后既能保护又能实现合理利用。

第二节　在线诉讼中的数据安全问题及法律规制

随着互联网法院的设立和"移动微法院"的推广，以及网上立案、电子送达、庭审直播等电子诉讼方式的涌现，在线诉讼作为一种新兴的审判方式被广泛采用,为我国司法活动提供了有力支持,保障了司法活动的正常进行。面对这一新形势,普遍认为,在线诉讼的首要问题是通过立法来确认和规范,使其在具有合法性的同时也能推动诉讼智能化发展。因此,新修改的《中华人民共和国民事诉讼法》确认了在线诉讼的法律效力,最高人民法院也发布了一系列规则,为在线诉讼提供了明确的程序指引,初步构建了具有中国特色的互联网司法模式。

然而,尽管现有法律和规则对在线诉讼进行了确认和规范,却缺乏对数据安全问题的充分关注。《中华人民共和国民事诉讼法》仅确认了在线诉讼的效力,《人民检察院刑事诉讼规则》和《人民法院在线调解规则》都是程序性规则,而《人民法院在线运行规则》虽然涉及数据安全和个人信息保护,但缺乏必要的外部监督。实际上,在线诉讼在本质上是一种"平台化"运行,各级法院及其设立的各类诉讼平台对数据的收集、使用和处理已成为司法审判权力运行的基本手段。面对在线诉讼的蓬勃发展和智慧司法的推行,亟需全面检视其中可能引发的数据安全问题,加强监管和保障措施,以推动互联网司法的良性发展,实现"数字正义"的目标。

一、在线诉讼中数据安全问题规制的必要性

在线诉讼是利用互联网技术对传统线下庭审方式的重塑与再造,是技术与司法相融合的产物。链接二者的中介是用于开展诉讼活动的平台。通过平台,法院与当事人能够交换数据信息、表达权利诉求、进行交流辩论,从而使诉讼活动能够"异时""异地"地展开。因此,在线诉讼程序相较于线下诉讼,对程序安全性有更高的期待和要求,证据真实性要求下的数据公开更加剧了数据安全风险,加之在线诉讼中的数据安全问题发生在本就是用于解决纠纷矛盾的司法领域内,是伴随着矛盾纠纷解决而出现的新的纠纷问题,本身不具有可诉性,受害人无法通过诉讼方式救济自身权益,由此决定了对在线诉讼中数据安全问题进行特别讨论,予以特别规制的必要性。

(一)在线诉讼数据的公开性

在传统的诉讼模式中,诉讼资料以纸质形式呈现,这些数据信息通常只对与案件相关的人员进行展示和公开，涉及的人员有限，并且受到法律义务和职业道德的约束，一般不会随意泄露。即使发生泄露，损害范围也相对可控。然而，在线诉讼的兴起将所有的诉讼资料转化为电子数据形式，并在不同的诉讼平台之间流动，这使得数据的获取变得更加容易，平台的开放性以及流动范围的广泛性也随之增加，特别是在庭审全程直播的情况下，导致在线诉讼中的数据处于完全公开状态。

虽然在线诉讼数据的公开和非匿名有助于保证诉讼资料的真实性，但过度公开在一定程度上会带来数据安全风险。在线诉讼中法院收集的各类数据信息往往具有更强的敏感性、隐私性和保密性。例如，在刑事司法中，涉及犯罪行为的数据往往是当事人不愿披露或为人所知的；而这些数据涉及的犯罪方法、手段等，可能会被他人学习并引发其他犯罪行为。在行政诉讼中，有些案件可能涉及行政机关尚未公开或应当保密的政务信息，一旦被公开或泄露，将导致经济社会问题。同时，大量的司法数据直接与当事人的身份信息密切相关。由于诉讼程序真实性的要求，所有这些数据的收集与使用均无法保密或匿名化，反而处于相对公开的状态。

在线诉讼数据的公开性是在线技术的应用下基于证据真实性要求而出现的特征。与司法机关主动公开司法数据不同，在线诉讼数据的公开是由参与诉讼的各方主体在诉讼过程中产生的被动公开。其目的在于通过公开来证明其真实性，为自身参与诉讼程序、辅助法官自由心证提供合法依据。然而，正是由于在线诉讼数据在平台内的公开，使其面临着较传统诉讼程序更为特殊的安全风险，其被泄露和篡改的机会明显加大，真实性反而会因公开而更加难以确定。

（二）在线诉讼程序的安全性

随着互联网信息技术的不断革新，改革司法审判模式、降低诉讼成本、优化审判流程、提升案件审理效率已成为当前司法体制改革的共识。然而，在线诉讼的高效运行与数据保护的安全价值之间存在着潜在的冲突。为了追求审理效率，法院往往会在具体的诉讼行为中牺牲甚至取代安全价值。例如，在数据收集上，可能会无差别地收集大量诉讼主体信息，超出合理范围；在数据处理上，则可能只注重快速结案，而忽略数据的合法使用和储存；在数据流通中，可能会忽视对方的使用目的，而将数据全部分享出去。在这种情况下，数据保护原则和比例原则等被忽视，法院及相关诉讼平台的安全保障义务也无法发挥作用，导致数据安全得不到保障。如果司法机关忽视数据信息的安全风险，单纯追求司法效率，将会威胁个人数据信息安全，甚至影响整个国家和社会的数据安全。

在线诉讼作为一种新兴的诉讼方式，仍然是纠纷解决的程序，应当符合诉讼基本原则并受其制约。然而，与传统线下诉讼不同，在线诉讼更加注重数据的安全性。传统诉讼强调的是证据材料的真实性、程序的合法性以及审判效益性，而在线诉讼的安全考量更多集中在防止数据泄露、篡改以及技术攻击等方面。在线诉讼的安全问题不仅仅关乎诉讼程序的顺利进行，还直接影响着诉讼参与人的权益和数据信息的真实性。因此，数据在在线诉讼中扮演着关键和核心的角色，安全价值成为在线诉讼中的首要价值。

（三）在线处理行为的不可诉性

在线诉讼的兴起改变了司法审判的模式，使得司法机关和诉讼主体在技术的支持下共同参与其中。然而，无论是诉讼制度的改革还是诉讼活动的进行，法院始终占据主导地位，导致在线诉讼中的法院中心主义得到进一步强化。在这样的模式下，当事人在诉讼过程中处于附属和弱势地位，缺乏对法院和法官审判行为的制约和抗衡能力，可能造成新的损害。

尽管许多国家普遍选择对个人数据主体进行赋权保护，赋予其诸多权利，如知情同意、查阅、复制、转移、更正、补充、删除等，以控制和干预个人数据的处理方式和过程。然而，这些权益的行使与救济对象主要针对一般的数据处理行为，并不能直接约束或限制作为公权力机关的法院的数据处理活动。在线诉讼中，法院基于公共利益属性和行使公共职责的正当性，无需征得数据主体同意即可任意收集数据，并且由于技术的不透明和双方地位的不对等，当事人难以了解其个人数据权益是否受到侵害，更难以对抗法院及技术平台对其个人数据权益的侵害。

根源在于，法院在在线诉讼中的数据处理活动是法院审判权行使的方式,而审判权是司法机关依据法定职权和特定程序处理纠纷的专门活动。在线诉讼中,法院不仅是裁判者,还是数据处理者,其为实现裁判目的而处理数据的行为可能侵害数据主体的权益。然而,这种侵害数据权益的行为已成为审判权行使的一部分,因此受害人无法通过行使其实体性的数据权益来救济其损害,更无法通过诉讼程序来救济其数据权益。简言之,在线诉讼中,法院的数据处理行为具有不可诉性,使数据主体无法通过行使数据权益来救济自身的权益。

二、在线诉讼中数据安全保护的法律规制

(一)数据主体的赋权保护制度

数据主体赋权保护在当今世界已成为普遍实践,各国纷纷立法保障个人信息的安全和隐私。在线诉讼领域也不例外,在这一领域,尽管法院作为国家机关有权在一定范围内处理个人信息,但也应充分尊重和保护信息主体的权利。在线诉讼中的数据主体享有一系列实体性和程序性权利,其中包括知情权、查阅权、复制权、更正权、删除权等。这些权利的行使对维护信息主体的合法权益至关重要。

首先,信息主体应当享有知情权,即有权要求法院在收集和处理其个人信息时向其明确告知个人信息被处理的目的、方式及范围,并对个人信息处理的规则进行解释说明。这种权利的保障有助于确保信息主体对其个人信息的使用具有充分的了解和控制。

其次,信息主体还应享有查阅、复制和更正个人信息的权利。在在线诉讼中,应当允许信息主体对法院收集的个人信息进行查阅和复制,并且在发现个人信息错误或不完整时,有权要求法院及时修改和更正。这种权利的行使有助于确保信息主体对其个人信息的准确性和完整性拥有实质性的控制权。

另外,信息主体还应享有删除权,即有权要求法院在诉讼程序终结后对其个人信息进行删除或封存。在线诉讼中,法院处理个人信息的正当性基础在于其需要获取与诉讼案件有关的各类信息以作公正裁决。但一旦诉讼程序

终结，法院处理个人信息的目的和必要性就不复存在，因此应当及时删除或封存个人信息，以保障信息主体的隐私权和个人信息安全。

除了上述实体性权利外，信息主体还应享有相应的程序性权利，以确保其权利能够得到有效保障。《个人信息保护法》规定了个人针对信息处理者拒绝个人行使权利请求的诉权。然而，由于在线诉讼中法院的数据处理行为不具有可诉性，信息主体无法通过行使诉权来维护其权益。因此，有必要赋予信息主体申诉和控告权，并配置相应的专门机关来受理信息主体对法院信息处理违法活动的申诉和控告。人民检察院作为在线诉讼中个人信息申诉控告受理机关，应当统一受理和监督在线诉讼中信息主体的申诉和控告。

此外，为了进一步保障信息主体的合法权益，应当建立国家赔偿制度，明确将在线诉讼中侵害信息主体权益的司法行为纳入赔偿范围。《中华人民共和国国家赔偿法》应当为在线诉讼活动中因司法机关的违法行为而使个人信息权益受到损害的信息主体提供赔偿依据，并以此来反向规制司法机关采取合法正当程序使用在线技术。

需要强调的是，尽管信息主体享有个人信息权益，但其权益的行使应当合法正当，遵循诚实信用原则，不得滥用个人信息权益扰乱和破坏正常的诉讼程序。因此，应当建立在线诉讼中滥用个人信息权益，扰乱和破坏诉讼程序行为的程序保障制度，对滥用行为进行严格监管和惩处，以维护在线诉讼的正常秩序和信息主体的合法权益。

（二）确立检察机关的监管职能

在建立监管职能方面，《中华人民共和国网络安全法》《数据安全法》和《个人信息保护法》均明确了国家网信部门作为数据信息安全监管机构的地位，负责统筹协调个人信息保护工作和相关监督管理工作。然而，在线诉讼中，这些部门作为行政机关，对法院的监督存在着一定障碍。一方面，这些部门与法院的司法领域不相符，干涉司法权可能引发干预司法的问题；另一方面，对在线诉讼的监管需要专业知识和保密要求，难以由其他部门进行干涉。

鉴于上述障碍，结合我国实际情况，应将检察机关确立为在线诉讼中专门的信息安全监管机构，并赋予其相应的监管职能，以实现对在线诉讼中信息安全的全面监督和管理。

首先，作为法律监督机关的检察机关具有宪法赋予的对人民法院审判活动进行监督的权力，可合法、规范地对在线诉讼中的信息安全进行监督管理，确保其合法性和必要性。

其次，检察机关作为客观官署，独立于人民法院之外，具备客观、独立、中立的监督性质，能够有效监督和管理人民法院的信息处理活动，克服当前在线诉讼中缺乏双方平衡的问题。

最后，检察机关作为法律监督机关，拥有专业知识和技能，能够对在线诉讼程序的各个阶段进行实质性的监督和管理，保障信息安全的实现。

因此，应当确立检察机关为在线诉讼信息安全监管机构，并赋予其这些职能：审查和评估在线诉讼中个人信息分类分级目录；监督和管理人民法院与诉讼平台的合作关系；实时检查在线诉讼技术和系统安全；受理信息主体的有关信息安全的申诉或控告。这样的举措有助于建立全面、有效的在线诉讼信息安全监管体系，保障个人信息的安全和合法使用。

（三）数据处理行为的法律规制

法院与平台公司之间的"公私合作"模式本质上构成了个人信息委托处理关系，法院属于委托处理者，平台属于受托处理者。根据《个人信息保护法》规定，在线诉讼中所形成的法院与诉讼平台之间的个人信息委托处理关系中，对个人信息安全负有主要责任的仍是作为个人信息处理者的法院，而平台作为受托人既因委托合同约定而负有相应的义务，又因受托人身份而对委托人的信息处理活动负有协助义务。但是，在线诉讼中作为个人信息处理者的法院，属于国家机关，具有双重身份：其一，法院需要收集和处理大量个人信息来实现自己作为国家司法机关的职能；其二，其作为国家机关构成部分，负有保护公民信息安全的基本义务。

因此，作为数据处理者的法院除了作为一般的个人信息处理者而必须遵守《个人信息保护法》所要求的规范外，还基于国家机关的身份而负有更严格的数据安全保护职责。法院及其受托人平台的数据安全保护职责的确定和行使，是建构在线诉讼数据安全保护制度的核心内容，具体来说，主要包括以下方面：

1. 数据分类分级收集和保护制度

数据分类分级保护制度在保障数据安全方面发挥着重要作用，尤其在在线诉讼这样涉及个人隐私和国家公共利益的领域更加突显其重要性。然而，在实践中，我们发现法院在收集数据时存在一定的混乱和不规范，未能有效对不同类别和级别的数据进行区分和保护，与数据分类分级保护的原则不符。

针对这一问题，法院应当建立起在线诉讼中数据收集和保护的详细目录，明确规定不同类别和级别数据的收集和处理方式。

（1）可以根据诉讼程序的不同进行分类，将数据分为诉讼程序中的数据和非诉程序中的数据。在诉讼程序中的数据中，又可以依据所处的阶段不同进一步划分为审判阶段的数据和执行阶段的数据，以便针对不同阶段的特点采取相应的保护措施。

（2）应当区分一般数据和敏感数据，并对其采取不同的收集和处理措施。例如，个人金融账户、宗教信仰、医疗健康等敏感信息在某些类型的诉讼案件中与案件的公正处理关系不大，但却直接关系到个人的尊严与隐私，因此应当采取更加严格的收集和处理措施，确保其安全性和保密性。

（3）应当建立起相应的权限管理机制，明确不同工作人员对不同级别和类别数据的访问权限，避免数据的滥用和泄露。同时，加强数据加密和网络安全措施，提高数据的防护能力，确保数据在传输和存储过程中不受到未经授权的访问和篡改。

建立起在线诉讼中数据分类分级收集和保护的制度对于保障数据安全、维护个人隐私和国家公共利益具有重要意义。法院应当加强对数据的管理和保护，制定相应的规定和措施，确保数据的安全和合法使用，为在线诉讼提供可靠的数据支持。

2. 承担诉讼平台的安全保障义务

诉讼平台作为在线诉讼的关键组成部分，承担着重要的公共服务职能，其数据安全保护责任尤为重大。在与法院合作共建在线诉讼平台时，第三方平台必须以公共性为基准，承担更高程度的数据安全保障义务。

（1）平台应始终坚持质量原则，确保所收集的个人数据具备真实性和可靠性，以满足在线诉讼的要求。任何收集到的数据都应当经过严格审核和验证，以确保其准确性和完整性。

（2）平台在收集数据时应严格限制其目的，不得超越法院委托处理的最小范围，更不能擅自收集与委托处理范围无关的个人数据。一旦诉讼程序结束，平台应在法院指示下对与该案件相关的个人信息进行永久封存或删除，以保障数据的安全和隐私。

（3）平台必须恪守技术中立的伦理底线，不得利用收集的个人信息进行商业化利用或向他人提供，更不得篡改和泄露个人信息。在发生个人信息泄露风险时，平台应及时向委托法院汇报，并积极采取技术补救措施，尽最大努力减少损失和影响。

（4）平台对于侵害个人信息权益的行为应当承担相应的责任。尽管诉讼平台作为受托人，但其并非委托人的雇员或工作人员，因此应对其违法的信息处理活动承担侵权责任。只有在委托人对委托选任有过错的情况下，委托人才应承担责任。作为受托人的诉讼平台并非国家司法机关，但其数据处理行为同样具有可诉性，受害人可向法院起诉要求其承担相应的法律责任。

诉讼平台在在线诉讼中扮演着至关重要的角色，其数据安全保障义务必须得到充分重视和有效履行，以确保在线诉讼的顺利进行和个人信息的安全保护。

3. 建立全过程个人信息保护机制

在建立全过程个人信息保护机制方面，《人民检察院刑事诉讼规则》规定，对违反数据安全和个人信息保护义务行为的追责，但仅仅从事后追责的角度出发，缺乏对事前和事中的有效监管。因此，为了更有效地保障在线诉讼中的个人信息安全，需要从事前、事中、事后三个阶段着手，构建全过程的信息安全保护机制。

（1）个人信息处理前的安全评估与审查制度至关重要。法院应根据个人信息的分类和分级目录，结合实际需求和处理目的，对不同类型的诉讼案件中需处理的个人信息进行安全风险评估。这种评估能够预先识别潜在的安全风险，有助于采取预防措施，避免对信息主体造成损害。此举也符合《数据安全法》和《个人信息保护法》对信息处理者的安全风险评估要求。

（2）个人信息处理过程中的安全检测与预警是保障安全的重要环节。针对敏感个人信息，法院应进行匿名化或加密处理，例如对当事人的人脸信息采用马赛克技术或仅描述轮廓的方式。同时，应设立数据访问和处理权限，采取特殊技术措施，防止个人信息的非法获取和使用。定期和不定期的安全测试也是必不可少的，以防范和发现数据存储系统及相关设施的安全风险，并及时进行补救。

（3）在信息安全事故发生后，应及时报告和紧急处置。一旦发生数据信息安全事故，应立即向上级主管部门报告，并通知信息主体。同时，需采取紧急处置措施，如关闭系统、断开链接、维修或更换基础硬件设施等，以尽可能降低损失。

全过程个人信息保护机制的建立需要从多个方面着手，包括安全评估与审查、安全检测与预警，以及信息安全事故的报告和紧急处置。只有建立起完善的机制，才能更有效地保障在线诉讼中的个人信息安全。

第三节 在线诉讼电子化材料的司法适用

一、在线诉讼电子化材料的规则概述

（一）在线诉讼与电子化材料概念

我国在线诉讼的概念与应用现状呈现出不断发展的趋势，其作为一种与传统线下诉讼形式有所区别的新型诉讼模式，正在逐步推广和深化应用。在线诉讼的广义概念包括了整个诉讼过程的数字化、网络化，从立案到庭审再到执行等各个环节都可以在互联网上完成，为当事人提供了更为便捷高效的诉讼服务。

"在线诉讼中,法院、当事人、其他诉讼参与人等主体的诉讼行为主要通过网络在线方式完成,各种证据材料也主要通过网络在线予以保存和流转。"[1] 在实际应用中,在线诉讼的发展表现出多样化和创新性。首先,其表现形式不断丰富,包括了在线立案、电子送达、在线质证、在线阅卷、在线调解等多种形式,为当事人提供了更加便捷的诉讼服务渠道。其次,网络载体得到了充分利用,通过互联网平台、移动应用等多种形式,使得当事人可以随时随地进行诉讼操作,实现了诉讼过程的高度数字化和便捷化。再者,开展方式不断创新,例如推广了"屏对屏"庭审模式,使得庭审可以在网络视频会议的形式下进行,节省了当事人的时间和成本,提高了诉讼效率和便捷度。

随着互联网和信息技术的迅猛发展,电子化材料已经成为重要的诉讼记录形式。在网上购物普及的背景下,电子信息作为合同记录和事实记录的主要方式之一,已经在日常生活中得到了广泛应用。特别是在涉及网络纠纷等案件中,电子信息更是成为不可或缺的重要证据之一。在这一背景下,我国的法律开始逐步适应电子化材料的使用,而电子证据便是其中最典型的应用。

《人民法院在线诉讼规则》的颁布,为电子化材料这一概念的提出和实践提供了明确的指导。根据规则的内容,电子化材料包括了一系列在线填写的诉讼文书,如起诉状、答辩状、反诉状、代理意见等。此外,通过扫描、翻拍、转录等方式,将线下的诉讼文书或证据材料进行电子化处理后,也可以形成电子化材料。因此,无论是线上产生的文书还是线下转化的材料,都可以被归类为电子化材料。

简而言之,电子化材料就是将传统的纸质诉讼材料全部转化为电子形式的处理方式。这一转变彻底颠覆了过去司法审判主要依赖纸质材料的现状,标志着我国司法体系朝着更加现代化、数字化的方向迈出了重要一步。这种变革不仅是司法体制的积极适应,更是对现代化发展的主动回应。随着电子

---

[1] 谢登科. 在线诉讼电子化证据的法律效力与规则适用 [J]. 地方立法研究,2022,7(4):32—48.

化材料在司法实践中的不断拓展和应用，必将推动在线诉讼等相关领域的进一步发展和完善。

（二）我国现行司法政策相关规定

电子化材料规则在我国是一个新领域，电子化材料不同于我国在最近几年广泛研究的电子证据，电子证据是电子化材料的一部分，这也说明不能完全套用电子证据的规则运用到电子化材料之中。

1.《人民法院在线诉讼规则》规定

《人民法院在线诉讼规则》所规定的电子化材料，是适应了在线诉讼时代的必然产物。随着互联网的普及和信息技术的不断进步，传统的线下诉讼方式已经无法满足社会的需求，因此，在线诉讼成为一种趋势。而为了使在线诉讼能够顺利进行，电子化材料的确立和规范就显得至关重要。

（1）《人民法院在线诉讼规则》明确了电子化材料的主要类型和提交方式，从内容和表现形式两个方面对其进行了分类。就内容而言，电子化材料主要分为诉讼文书材料和证据材料；而就表现形式而言，电子化材料又可分为在线录入、数字化处理后上传和原本即为电子数据存在三种类型。这种分类有助于明确当事人应提交的材料类型，提高了在线诉讼的效率和便利性。

（2）《人民法院在线诉讼规则》对当事人提交电子化材料的义务作出了明确规定。当事人有责任自主提交电子化材料至电子诉讼平台，但也充分考虑了我国互联网普及情况，规定如果当事人存在提交困难，人民法院可以通过卷宗扫描等方式帮助其转化为电子化材料。此外，法院也要尽可能提供司法便利、完善系统设置、细化操作指引等，以支持当事人的在线材料提交。

（3）对于电子化材料的审核和效力问题，《人民法院在线诉讼规则》也作出了具体规定。电子化材料需经过人民法院审核通过后方可在诉讼中直接使用，同时也明确了其效力的限制条件。虽然电子化材料"视同原件"，但并不意味着其具备证据能力和证明力，对其真实性、合法性、关联性等问题仍需依据法律规定专门判断。因此，法院在审核电子化材料时需要综合考虑其形式和内容的真实性，而且审核过程中也需要借助外部力量和其他程序完成,以确保审核的客观性和公正性。

然而,当前《人民法院在线诉讼规则》所规定的电子化材料相关内容仍然较为简单,仅在宏观层面上对其进行了概括性规定,而在具体司法适用中可能会存在一定的不确定性和不一致性。尤其是对于电子化材料的真实性、合法性、有效性等问题,以及对其清洁性、规范性的要求,目前尚未有明确的规定。因此,今后需要进一步研究和完善相关法律法规,以便在司法实践中更好地规范和应用电子化材料,确保在线诉讼的公正、高效和便利。

2.《人民法院在线运行规则》规定

《人民法院在线运行规则》的颁布和实施,标志着我国司法体系向着数字化、智能化转型的又一重要里程碑。这一规则的出台,不仅是对《人民法院在线诉讼规则》的补充和完善,更是对在线诉讼体系运作机制的具体规范和指导。在这部规则中,对于电子化材料的接入、管理和运用进行了详细的规定,有助于进一步推动在线诉讼的发展,提高司法服务水平,增强司法公信力。

(1)《人民法院在线运行规则》针对电子化材料的接入问题作出明确规定。其中,对支撑人民法院在线运行的信息系统进行了具体说明,包括智慧服务、智慧审判、智慧执行、智慧管理等多个方面。尤其值得注意的是,在规定中明确指出了人民法院在线服务与其他智慧服务系统的对接,为在线诉讼提供了统一入口,使人民群众能够更加方便地获取在线服务。这一规定的实施,将有效促进在线诉讼的便捷化和高效化,为人民群众提供更加优质的司法服务。

(2)《人民法院在线运行规则》进一步明确了电子化材料的应用方式和管理规定。规则中详细规定了在线材料提交、电子卷宗生成、在线证据核验、举证质证、证据认定、阅卷查档、送达、保全、归档等诉讼活动的电子化材料应用方式,为人民法院在线诉讼提供了全方位的技术支持和管理保障。尤其值得一提的是,规则对线下提交的案件材料也作出规定,要求人民法院及时将其转化为电子化材料,形成电子卷宗,以确保线上线下各项材料能够实现统一管理和无缝对接。

（3）《人民法院在线运行规则》还对电子化材料的形式要求和运用流程进行了细化规定。规则明确指出，电子化材料应符合在线诉讼平台的相关要求，包括文件格式、体例、规范性和清晰度等方面。同时，规则规定符合要求的电子化材料将自动纳入电子卷宗，并在智慧审判、执行、管理系统中流转应用，为在线诉讼提供了全流程的电子化支持。这一规定的实施，将有助于提高在线诉讼的效率和质量，为人民群众提供更加便捷和高效的司法服务。

总的来说，《人民法院在线运行规则》的出台，为我国在线诉讼体系的建设提供了有力的制度保障和技术支持。通过对电子化材料的接入、管理和运用等方面进行明确规定，规则有助于进一步推动在线诉讼的普及和应用，提升司法服务水平，维护社会公平正义。然而，需要进一步关注的是，规则中对电子化材料的有效认定问题并未进行具体规定，这也是今后需要进一步研究和完善的方向。

二、在线诉讼电子化材料司法适用的完善

（一）完善电子化材料司法适用

1. 完善材料认定技术机制

通过完善电子化材料认定技术机制，不仅可以巩固电子化材料的司法适用基础，还可以提升在线诉讼的效率和质量。有效认定电子化材料是推动电子化材料在司法领域广泛应用的关键一环。针对我国电子化材料认定技术的现状，有必要从多个方面着手，不断完善认定技术机制，以适应现代信息技术快速发展的需要。

（1）需要充分利用各方面资源优势，针对电子化材料认定技术持续进行升级和完善。现代信息技术的迭代速度日新月异，这对电子化材料的司法适用提出了挑战。为了满足司法实践的需要，必须在技术支持方面不断突破，促进认定技术的迭代升级。建议结合现代信息技术的发展实际，成立以司法机关为主导的电子化材料认定机构，汇聚高校、科研机构、企业等多方力量，共同研发安全、高效、便民的认定技术。只有不断推动技术的创新和应

用，才能更好地满足在线诉讼的需求，提升电子化材料的司法适用水平。

（2）应加强司法队伍的人才建设，持续吸纳高水平、专业性、复合型人才加入司法队伍。电子化材料的认定工作应以司法机关为主导，其他社会力量则发挥辅助作用。随着现代新兴技术的飞速发展，司法工作人员必须与时俱进，不断更新相关知识，掌握先进技能。只有这样，才能够消除司法机关在认定电子化材料方面的障碍，确保法官能够放心、安全地使用电子化材料，进一步提高司法工作的效率和质量。

通过完善电子化材料认定技术机制，可以有效巩固电子化材料的司法适用基础，提升在线诉讼的便捷性和高效性。这需要各方共同努力，不断推动技术的创新和应用，加强人才队伍建设，以适应司法工作的新形势，更好地为人民群众提供优质的司法服务。

2.完善电子化材料相关规则

在探讨完善电子化材料相关规则时，首先要认识到电子化材料的多样性，它既可以以网络数据形式存储，也可以存在于移动设备等介质中。然而，在在线诉讼过程中，电子化材料的不稳定性可能会削弱其证明力，因此有必要采取多元化手段，确保电子化材料与案件的真实关联性。例如，当事人在出示电子化材料时应提供相关源数据供司法机关审查，以确保其真实可靠性。同时，应意识到在实践中当事人提交源数据可能存在的困难，因此对于电子化材料复制件的使用应提高适用性，并通过技术手段强化其效力，例如利用区块链技术加强电子化材料复制件的可信度。

针对确实依赖于技术性的电子化材料，应允许采用特定的提交方式。当事人可以在法庭允许下邀请专业技术人员进行辅助，并建立专家辅助人制度，选取技术能力强、法治思维高的专家或学者，以辅助法官认定电子化材料。同时，需要明确专家辅助人的受理申请、意见证明和技术判断等具体标准，以保障其在庭审过程中的权益。

另外，建立完善的电子化材料提交流程也至关重要。不规范的电子化材料提交可能降低其真实性和合法性，因此应规范电子化材料的提交范围，并明确提交流程和技术手段，有效提升电子化材料的规范性和合法性。同时，制定简易便民的提交操作清单，加强对提交技术手段的审查和规制，以防止虚假材料的出现，确保电子化材料的合法性。

《人民法院在线诉讼规则》确立了电子化材料"视同原件"的效力，这是电子化材料司法适用的基本原则。在司法适用过程中，应该充分利用这一原则，并对其进行细化和规范，以确保电子化材料的真实性和合法性。同时，法官的自由心证在电子化材料关联性认定中也具有重要作用，应加强审核电子化材料中蕴含的个人信息，确定其与当事人之间的关联性，以提高电子化材料的可信度和效力。

3. 扩大推理性标准的适用

在扩大推理性标准的适用问题上，我国司法实践尚存在着一定程度的水平不高的情况，但也可以看到一些应用案例。例如，一些案例中法院认可了源于中立第三方平台的推定，这在保全网存证得到认可的案例中得以体现。这种合理的推理性标准的应用，为司法判决提供了一种便捷的认定途径，同时也为推广推理性标准的适用提供了一定的范例。

然而，在全国范围内，推理性标准的适用率仍然相对较低。以电子认证为例，虽然在一些案例中出现了质疑电子认证有效性的情况，但这种情况并不普遍。因此，对于推理性标准的适用还有待进一步加强和拓展。

可以通过适度扩大推理性标准在电子化材料中的适用来解决这一问题。可以考虑颁布适用推理性标准典型案例的方式进行案例指导，通过以案释法的方式降低推理性标准适用的难度，从而为电子化材料的认定拓展适用范围。这样的做法不仅可以提高司法工作人员对推理性标准的理解和运用水平，也可以促进司法实践对电子化材料认定标准的不断完善和优化，进一步提高司法效率和公正性。

4. 电子化材料算法透明化

在当前数字化浪潮下，我国在线诉讼的发展迫切需要关注电子化材料算法的透明化。随着大数据的应用，海量司法数据的分析已经成为司法决策的重要依据。算法程序的运用使得在纠纷产生前就能采取预防措施，有助于提前化解纠纷，降低司法成本。然而，在司法机关利用这些数据进行算法计算分析时，必须遵循相关法律法规，尤其是《个人信息保护法》的规定，保障个人信息的隐私和安全。

为了确保算法透明，司法机关需要在算法计算中保持一定的透明度。具体来说，透明程度应该根据数据信息的重要性和影响程度而定。如果某一算法可能对当事人产生重大负面影响，例如影响个人的诚信等方面，那么司法机关应当保障当事人的知情权和同意权。这就要求司法机关在进行算法计算前进行影响评估，并根据评估结果履行告知义务。

此外，为了增强算法的透明度，司法机关可以在法院官网上开设算法专栏，及时公布依据司法数据开展算法计算的事项和规则，确保公开透明。通过这种方式，司法权力能够在阳光下运行，提升司法决策的公正性和可信度。

5. 加强电子化材料数据管理

加强电子化材料数据管理是保障司法信息安全的关键举措。统一标准在此起着至关重要的作用，通过制定一致的司法数据管理标准，确保数据安全。

（1）应制定安全可靠的技术标准，确保数据在传输过程中的安全性。针对法院外第三方数据调用和对接，应建立相应的准则，明确电子化材料在不同诉讼环节的安全传输和管理标准，以加强数据运营管理。

（2）应规定电子化材料的准入标准，明确相关材料的格式标准，并借助人工智能等技术手段对电子化材料进行自动校正，以确保其在诉讼过程中的高效应用。

（3）建立电子化材料数字化处理中心，对提交的诉讼材料进行分类管理，实现智能自动归档，以便法官通过电子卷宗进行案件审理。通过借助人工智能和OCR识别等技术，实现电子化材料的智能管理，并加深数据共享功能，以进一步提升司法信息化水平。

（二）完善电子化材料保全

1. 完善电子化材料的公证保全

在完善电子化材料的公证保全方面，我国应当采取一系列措施，以适应在线诉讼发展的需要并确保公证的公正性和可靠性。

(1) 需要从立法层面对电子化材料的公证保全进行完善,不仅要在传统公证保全基础上进行更新,还要根据电子化材料的特点制定新的程序规范。这涉及到公证前后的准备阶段、公证阶段的各个环节,需要明确规定公证主体、公证设备、公证人员以及操作规范等细节方面的要求。

(2) 应当加强对公证保全平台的审查认定,只有符合标准的公证平台才能参与电子化材料的保全工作。这样可以从公证保全的源头上消除因公证平台资质问题而影响电子化材料认证的可能性。

(3) 可以适当限制公证保全的适用范围。尽管公证保全在我国司法实践中已经非常普遍,但由于其形式审查的特点,对电子化材料的实质审查相对不足。因此,在司法实践中,针对明显不合格的电子化材料,应该不予认可其真实性,以确保公证保全的公平公正。

2. 档案服务机构参与电子化材料保全

引入档案服务机构参与电子化材料的保全工作是一项具有重要意义的举措。档案管理与电子化材料保全具有天然的互补性,档案管理在我国历史悠久,拥有可靠的技术和丰富的管理经验,因此,将档案服务机构纳入电子化材料的保全过程中具有一定的合理性和可行性。

(1) 档案材料本身具备可靠的证明力,档案服务机构的严谨管理制度和完善的文件管理流程可以最大程度地保证档案的完整性和真实性,有效避免篡改和伪造。与电子化材料由生成单位自行管理相比,由档案服务机构代管更具客观性和可信度。

(2) 档案服务机构的核心业务就是进行文件的安全管理、长期保存和提供利用,其具备高度可靠的人员队伍、制度标准和软硬件配置,可以为电子化材料提供安全、可控、规范的存储环境,从而切实保障电子化材料的真实性和合法性。

(3) 档案行政管理部门具有监管责任,能够有效监督辖区内的档案服务机构,其专业性和公信力是保证档案服务机构在电子化材料保全和保管方面的重要保障。

因此，引入档案服务机构参与电子化材料的保全工作，不仅可以弥补电子化材料保全过程中的不足，还能够提高保全工作的真实性、可靠性和公正性，为司法实践提供更加坚实的支撑。

参考文献

[1] 马靖云. 智慧司法的难题及其破解[J]. 华东政法大学学报, 2019, 22 (04): 110.

[2] 王勇旗. 人工智能在司法审判领域的融合应用——现状、难题与应对[J]. 法理—法哲学、法学方法论与人工智能, 2021 (1): 177.

[3] 左声铭. 我国刑事缺席审判制度研究[D]. 保定: 河北大学, 2023: 7－11.

[4] 宋申川. 刑事审判视频开庭制度研究[D]. 北京: 中国人民公安大学, 2023: 8－14.

[5] 卫晨曙. 论刑事审判中大数据证据的审查[J]. 安徽大学学报 (哲学社会科学版), 2022, 46 (02): 77.

[6] 蒋莉. 我国刑事缺席审判制度的基本理论[J]. 现代商贸工业, 2021, 42 (S1): 142.

[7] 韩旭. 我国刑事缺席审判制度的类型化分析及其完善[J]. 政法学刊, 2021, 38 (03): 90－97.

[8] 谭皓予. 公序良俗原则在司法审判中的适用问题研究[D]. 贵阳: 贵州财经大学, 2022: 25－32.

[9] 郭超群. 大数据证据在刑事审判中的审查运用[D]. 鞍山: 辽宁科技大学, 2021: 5－14.

[10] 李涛, 郑远民. "公序良俗原则"在司法适用中的问题及建议[J]. 长春理工大学学报 (社会科学版), 2019, 32 (02): 31.

[11] 樊非. 司法审判对社会主义法治精神培育研究[D]. 重庆: 西南

大学，2017：120－134.

[12] 黄兰蔚. 视频开庭的利弊分析及完善——以刑事审判为视角 [J]. 法制与社会，2010（15）：119.

[13] 王壹. 我国民事审判中适用比例原则实证研究 [D]. 长春：吉林大学，2018：15－24＋47－52.

[14] 康成赫. 论民事审判中公平责任的法律适用 [D]. 上海：华东政法大学，2020：12－39.

[15] 李欣阳. 绿色原则在民事审判中的适用研究 [D]. 南充：西华师范大学，2022：17－25＋36－44.

[16] 吴佳文. 网络技术赋能视角下民事审判效率提升路径研究 [D]. 重庆：重庆邮电大学，2022：15－20＋35－48.

[17] 苗芃. 我国民事审判智能化改革问题研究 [D]. 青岛：山东科技大学，2021：17－18＋36－42.

[18] 潘剑锋. 从民事审判权谈民事审判方式改革 [J]. 法学家，2000（06）：77.

[19] 杨铁军，田东诚. 绿色原则在民事审判中的适用研究 [J]. 大庆师范学院学报，2021，41（03）：18.

[20] 陈淑敏. 公序良俗原则在民事审判中的适用探讨 [J]. 法制与社会，2018（25）：93.

[21] 周晓冰. 民事审判流程控制研究 [J]. 人民司法，2008（01）：37.

[22] 姚建军. 我国在线诉讼平台规则之完善 [J]. 数字法治，2023（3）：154－169.

[23] 郑返，穆昌亮. 在线诉讼程序正当性的法理考量 [J]. 湖北工程学院学报，2023，43（1）：109－116.

[24] 丁朋超，覃玉华. 论在线诉讼中当事人陈述权的保障 [J]. 探求，2023（4）：47－55.

[25] 曾俊荣. 在线诉讼的程序法困境剖析 [J]. 贵阳市委党校学报，

2022（2）：51—57.

[26] 杜江涌，李书恒，洪若尧. 在线诉讼电子化材料司法适用问题与完善路径 [J]. 海南开放大学学报，2023，24（1）：127—136.

[27] 谢登科. 在线诉讼电子化证据的法律效力与规则适用 [J]. 地方立法研究，2022，7（4）：32—48.

[28] 陈俊宇. 司法程序中的人工智能技术：现实风险、功能定位与规制措施 [J]. 江汉论坛，2021（11）：99—104.

[29] 王玉薇，顾思渺. 人工智能的司法应用问题研究 [J]. 齐齐哈尔大学学报（哲学社会科学版），2021（8）：102—104，181.

[30] 梅宇轩. 人工智能在法律推理中的应用 [J]. 法制博览，2021（32）：164—166.

[31] 张进. 我国在线诉讼适用范围研究 [J]. 黑龙江省政法管理干部学院学报，2021（6）：86—90.

[32] 王洪海. 人工智能时代我国智慧法院的发展及完善路径 [J]. 大观周刊，2020（9）：03.

[33] 虞浔，魏健宇. 生成式人工智能介入刑事审判的可能与限度 [J]. 昆明理工大学学报（社会科学版），2023，23（5）：1—7.

[34] 韩世鹏，秦勇. 人工智能司法的法理逻辑与决策限度 [J]. 淮阴工学院学报，2022，31（2）：40—45.

[35] 冯浩波. 智慧司法的算法隐忧及其规制 [J]. 四川行政学院学报，2023（6）：54—61.